austria

ARCHITEKTUR WOHNKULTUR KUNST

architecture
living culture
art

1920
—
1930

Gefördert von der Kulturabteilung
der Stadt Wien, Wissenschafts-
und Forschungsförderung

Robert Keil (Hg.)

austria

ARCHITEKTUR WOHNKULTUR KUNST

architecture
living culture
art

Mit Beiträgen von

Rainald Franz
Robert Keil
Markus Kristan

1920
—
1930

Inhaltsverzeichnis/contents

Vorwort
preface .. 5

Einleitung
introduction .. 7

Markus KRISTAN
Österreichische Architektur 1920–1930
Austrian Architecture 1920–1930 .. 8

Rainald FRANZ
Österreichisches Kunstgewerbe und Design 1920–1930
Austrian Applied Arts and Design 1920–1930 .. 18

Robert KEIL
Bildende Kunst in Österreich 1920–1930
Austrian Fine Arts 1920–1930 .. 28

Abbildungen
illustrations .. 36

Künstlerverzeichnis
index of artists .. 150

Literatur
literature .. 159

Textabbildungen/Abbildungsnachweis/Impressum
text-illustrations/photographic credits/imprint .. 160

Vorwort

Wie nimmt man Kunst und Kultur vergangener Zeiten wahr? Welche sind die formalen Kriterien, die einen Zeitraum von zehn Jahren umfassen und dafür bestimmend sind? Gibt es etwas Gültiges, das diese Epoche geprägt hat? Und was ist uns davon in Erinnerung geblieben?
Retrospektiv wollen wir Zeiträume mit ihren Leitmotiven, Strömungen und Gegenströmungen, ihrer Avantgarde und ihren bestehenden Traditionen ordnen, um sie uns vertraut zu machen und sie unterscheiden und benennen zu können.
So vielschichtig eine Gesellschaft ist, so vielseitig ist auch der Wunsch eines jeden einzelnen, sich zu positionieren. Das geschieht meistens mit der Wahl, seine persönliche Umgebung, sei es ein Haus oder eine Wohnung, so zu gestalten, dass sie dem sozialen Status oder dem persönlichen Geschmack entspricht.
Die unterschiedlichen formalen Aspekte der Architektur, des Mobiliars und der häuslichen Attribute, aber auch die jeweiligen Kunstwerke reflektieren den Zustand oder die Sehnsucht der darin lebenden Menschen, aber auch die utopischen Vorstellungen der gestaltenden Künstler.
Im Bildteil wird von der Architektur ausgegangen, die ja den öffentlichsten Teil der Selbstdarstellung bildet, überleitend zur Einrichtung, den Gegenständen des täglichen Gebrauchs, dem Kunstgewerbe und schließlich zu den Kunstwerken, mit denen sich die Menschen umgaben.
Die Objekte aus den unterschiedlichen Kunstgattungen werden nach formalen, stilistischen und motivischen Kriterien gegenübergestellt, um das breite Spektrum der Gestaltungsmöglichkeiten zu zeigen.
Die Auswahl der Abbildungen erhebt nicht den Anspruch einer authentischen Rekonstruktion von Einrichtung, Mobiliar und Kunstwerken, sondern soll das Typenhafte bestiwmmter Geschmacksrichtungen vorführen.
Bewusst wurden Beispiele der bildenden Kunst und des Kunsthandwerks aus dem österreichischen Kunsthandel gewählt, da diese Objekte belegen, womit die Menschen tatsächlich gelebt haben.
Aus diesem Spannungsfeld heraus laden wir Sie nun dazu ein, sich seine eigene Meinung über die ästhetischen Vorstellungen dieser Epoche zu bilden und persönliche Assoziationen zu manchen Objekten herzustellen, die vielleicht Teil der eigenen Familiengeschichte sind.

Preface

How does one experience the art and culture of previous times?
What are the formal criteria which span a period of ten years and are therefore decisive for the decade? Is there something valid that has characterised this epoch? And what has come down to us, in our memories, of this?
In retrospect, we want to organise chronological periods with their leitmotifs, currents and counter-currents, their avant-garde movements and their existing traditions, in order to make them familiar to us, and to differentiate and name them.
As complex as a society is, so complex is also the desire of each individual to position him or herself. This generally occurs with the choice to design one's personal surroundings, be it a house or an apartment, so that it corresponds to one's social status or individual taste.
The diverse formal aspects of architecture, of furniture and of household attributes, yet also of the prevailing art works, reflect the condition or the aspirations of the people living there; they also reflect the utopian ideals of the artists who designed them.
In the collection of images, architecture forms the starting point, which indeed constituted the most public face of individual self-expression, leading into an analysis of furnishing and interior decoration, objects of daily use, applied arts and finally to the works of art with which people surrounded themselves.
Objects from a wide variety of types of artistic production will be juxtaposed according to formal and stylistic criteria, in order to illustrate the wide spectrum of possibilities for design. The choice of illustrations does not claim to present an authentic reconstruction of interior decoration, furniture and works of art, but instead has been selected to portray the typical forms of certain directions of taste.
Examples of fine arts and crafts from Austrian art dealers have been chosen for a certain reason: these objects are able to prove with which kind of artwork people have actually been living then.
From this field, we now invite you to form your own opinion of the aesthetic concepts of this epoch and to produce your personal associations to some objects, which perhaps constitute part of your own family history.

Brennender Justizpalast, 1927
_burning Justizpalast (Palace of Justice), 1927

Ignaz Seipel (1876–1932), Aufnahme aus dem Album zur Beethoven-Zentenar-Feier, März 1927
_photo out of the album for the Beethoven-Zentenar-ceremony, March 1927

Einleitung

Österreich ist ein kleiner Staat im Zentrum Europas geworden. Ein Großteil der industriellen und landwirtschaftlichen Ressourcen befindet sich in den ehemaligen Kronländern der Monarchie, die jetzt zu selbständigen Staaten geworden sind. Die junge Republik muss nun zu ihrer Identität finden. Wien, eine im Verhältnis zur Größe des Landes überproportional große Stadt, erfährt unter der sozialdemokratischen Stadtregierung eine radikale Veränderung. Die Einführung der Wohnbausteuer, die von der bürgerlichen Bevölkerung getragen wird, ermöglicht die Errichtung von Gemeindewohnungen, die die Lebensverhältnisse der großen, sozial benachteiligten Arbeiterklasse heben sollen. Ebenso prägen Freizeiteinrichtungen, wie Badeanstalten und Kinderheime, das Baugeschehen. Im Gegensatz dazu steht die bürgerlich konservative Regierung auf Bundesebene, die sich deutlich auf Katholizismus, Heimat und Tradition stützt. Bereits 1927 kommt es zu Zusammenstößen der gegensätzlichen politischen Gruppen, die im Brand des Justizpalastes in Wien ihren Höhepunkt finden. Die zur Mitte des Jahrzehnts einsetzende Wirtschaftskrise, Inflation und die daraus resultierende Arbeitslosigkeit tragen weiter zu den sozialen Spannungen bei.
Auch die künstlerischen Ausdrucksmöglichkeiten unterliegen diesem politischen Aspekt. Die moderne Architektur wie auch die Einrichtungsgegenstände trennen sich vom Zwang des Repräsentativen. Das Praktische steht nun im Vordergrund. Denn der Haushalt eines Großteils der Bevölkerung wird von Frauen getragen, die berufstätig sind. Generell hat sich die Stellung der Frau in diesem Jahrzehnt geändert. Dies spiegelt sich auch in der Kunst wider. Denn ab 1920 sind auch Studentinnen an der Akademie der bildenden Künste in Wien zugelassen. Der Kinetismus, eine auf Bewegung und Abstraktion ausgerichtete Strömung, die in ihrer Radikalität eine Ausnahmeerscheinung für die österreichische Kunst darstellt, wird vor allem von Künstlerinnen getragen. Doch generell setzten die Künstler sowohl in der Malerei, Bildhauerei und im Kunstgewerbe die Wiedergabe des Gegenständlichen fort. Radikale Experimente fanden sich nur vereinzelt und konnten zu ihrer Zeit keine Anerkennung auf breiter Basis finden.

Introduction

Austria has become a small country in central Europe. A large part of the industrial and agricultural resources are located in the former crown lands of the monarchy, lands which have now become independent states. The young Republic must now find its own identity. Vienna, an overly large city in relation to the size of the country, experienced a radical transformation under Social Democratic civic leadership. The introduction of the Residential Building Tax, which was paid by the bourgeois population, made possible the construction of social housing projects which were intended to improve the lifestyle of the socially disadvantaged and underprivileged working class. Therefore establishments for leisure activities, such as bathing areas and kindergartens, characterise the structures. In contrast to this situation the bourgeois, conservative leadership was in charge of the country at large, and they promoted Catholicism, Homeland, and Tradition. By 1927 already, the opposing political groups had come to blows, reaching a climax in the burning of the Palace of Justice in Vienna. The incipient economic crisis in the middle of the decade, inflation and the resulting unemployment also contributed to social tensions.
Artistic means of expression were also subject to these political conditions. Modern architecture as well as objects of furnishing distanced themselves from the compulsion of ostentation. Now, practicality took the foreground, because the households of a large element of the population were now controlled by women who worked. In general, the position of women in this decade had been transformed, and this circumstance was also reflected in the arts. After 1920, women were now admitted to study at the Academy of Fine Arts in Vienna. Kineticism, a current oriented towards movement and abstraction which in its radicalism represents an exception within Austrian art, was primarily practiced by women artists. In general, however, artists active in painting, sculpture and applied arts continued to represent the object. Radical experiments were only infrequent, and in their time were not able to meet with wide recognition.

Markus Kristan

Österreichische Architektur 1920–1930

Bei näherer Betrachtung scheint nahezu jedes Jahrzehnt des 20. Jahrhunderts in Österreich von zumindest einem starken historischen Bruch gekennzeichnet zu sein. Diese politisch-historisch verursachten Bruchkanten schlagen sich dann auch unmittelbar auf die Entwicklung der österreichischen Kunst – und damit auch auf die Architektur – nieder. Die österreichische Architektur im Dezennium von 1920 bis 1930 ist maßgeblich mitgeprägt von dem Kontrast zwischen „Schwarzem Österreich" (bürgerlich regierte Republik) und „Rotem Wien" (sozialdemokratisch regierte Stadt).
Am 4. Mai 1919, ein halbes Jahr nach Ende des Ersten Weltkriegs und des Zusammenbruchs der Doppelmonarchie Österreich-Ungarn, errang die Sozialdemokratische Partei in Wien die Mehrheit, womit die Ära des sogenannten „Roten Wien" begann, die bis zu den Februarunruhen des Jahres 1934 andauern sollte. Die Republik Österreich hingegen wurde – abgesehen von ihrem ersten Staatskanzler Karl Renner, der der Sozialdemokratischen Partei angehörte und von 1918 bis 1920 im Amt war – in rasch abwechselnder Folge von Vertretern der Christlichsozialen Partei und der Großdeutschen, wie etwa Johann Schober, Ignaz Seipel und Engelbert Dollfuß, regiert. Etwas pointiert könnte man daher sagen, dass – auf die Architektur bezogen – damit das „Satteldach" (konservative christlich-soziale Parteien) gegen das „Flachdach" (fortschrittsorientierte Arbeiterpartei) antrat. Der tatsächliche Sachverhalt ist aber natürlich wesentlich komplexer – was nicht zuletzt auch damit zusammenhängen dürfte, dass manche Architekten nahezu zeitgleich für beide Bauherren tätig waren (z. B. Siegfried Theiss und Hans Jaksch). Darüber hinaus gab es selbstverständlich auch in den von den christlich-sozialen Parteien regierten Bundesländern moderne, visionär agierende Architekten. Diese Bauten waren aber nicht von der öffentlichen Hand, sondern von privaten Bauherren beauftragt worden. Die stilistischen Bruchkanten sind also nicht so scharf und hart, wie man auf den ersten Blick vermuten könnte.
Gleichsam überlagert wird das Architekturgeschehen in Österreich im Wesentlichen von zwei Architekturschulen, deren beide bedeutendsten Lehrer, da im selben Jahr (1841) geboren, bereits 1912, vor Ausbruch des Ersten Weltkrieges, in den Ruhestand getreten waren. Der eine, Carl König, zählt zu den wichtigsten Architekten des Späthistorismus in Wien und weist aufgrund seiner nahezu ein halbes Jahrhundert andauernden Lehrtätigkeit an der Technischen Hochschule Wien (1866–1912) größten Einfluss auf die Architekturentwicklung

Austrian Architecture 1920–1930

Upon close inspection, practically every decade of the 20th century in Austria appears to be characterised by at least one severe historical rupture. The edges of these ruptures, the result of political-historical causes, then have an immediate impact on the development of Austrian art – and thereby also on architecture. Austrian architecture in the decade from 1920–1930 is substantially characterised by the contrast between "Black Austria" (the Republic ruled by the bourgeois) and "Red Vienna" (the city ruled by the socialists).
On May 4th, 1919, half a year after the end of the First World War and the collapse of the Austro-Hungarian monarchy, the Social Democratic party in Vienna attained the majority, thereby initiating the era of so-called "Red Vienna", which would last until the February unrest in the year 1934. In contrast, the Republic of Austria was governed, in rapidly alternating succession, by members of the Christian Social Party and the Greater German Party, such as Johann Schober, Ignaz Seipel and Engelbert Dollfuß. An exception to this was the first State Chancellor, Karl Renner, who belonged to the Social Democratic Party and who held office from 1918–1920. One could therefore somewhat pointedly say that, with regard to architecture, the "pitched roof" (conservative, Christian Social Parties) ran against the "flat roof" (workers' parties oriented towards progress). The actual circumstances, however, were naturally far more complex – which might be connected to the fact that some architects were retained by both patrons almost contemporaneously (for example, Siegfried Theiss and Hans Jaksch). In addition, there were, obviously, architects who were modern and visionary in the states which were governed by the Christian Social parties. These buildings, however, were not funded by public means but were commissioned by private patrons. The stylistic rupture, then, was not so keen and sharp as one might assume at first glance.
Architectural events in Austria were essentially superimposed by two architectural schools, whose two most important teachers – born in the same year (1841) – had retired already in 1912, before the outbreak of World War I. One of these, Carl König, counted amongst the most important architects of late historicism in Vienna and had a great influence on architectural development, due to his teaching activity at the Technical College Vienna which lasted almost half a century (1866–1912); his influence was felt not only in Austria but also in the successor states of the monarchy. The second

nicht nur in Österreich, sondern auch auf die Nachfolgestaaten der Donaumonarchie auf. Der andere, Otto Wagner, gilt heute als einer der bedeutendsten Wegbereiter der frühen Moderne. Seine knapp zweihundert Schüler, obgleich er wesentlich kürzer als Carl König eine Meisterklasse an der Akademie der bildenden Künste Wien leitete (1894–1912 und bis 1915 als Honorarprofessor), prägten die Architektur der Ersten Republik und vor allem des Roten Wien maßgeblich.

Neben dieser alles dominierenden Gesamtsituation gibt es aber noch eine Reihe von „Einzelkämpfern", deren bedeutendste Adolf Loos (S. 66, 67), Lois Welzenbacher (S. 71, 97, 101) und Josef Frank (S. 54, 57, 59, 68–70, 75 ff.) sind.

Aus der Vielzahl von Architekturbeispielen gilt es nun, eine repräsentative Auswahl zu treffen, die einerseits die architektonisch hervorragenden Spitzenleistungen der zwanziger Jahre darstellen und andererseits als typische Beispiele für viele gleichartige Bauten gelten können. Ein deutlich sichtbares Zeichen für die Wende in der Architektur nach dem Ersten Weltkrieg und ein, die kommunalen Wohnbauten des Roten Wien maßgeblich stilistisch beeinflussender Bau, stammte ausgerechnet von einem erklärten Vertreter der Christlichsozialen Partei, dem Architekten Clemens Holzmeister (S. 95, 98), der dann später noch im Ständestaat eine gewichtige Rolle spielen sollte. Obwohl Holzmeister bei dem Wettbewerb für das Krematorium nur den dritten Preis errungen hatte, wurde er mit der Ausführung beauftragt (siehe Band 1910–1920). Bei der Entwurfsarbeit war dem Architekten auch nicht bekannt, dass sein Projekt im Garten des Renaissanceschlosses „Neugebäude" in Simmering errichtet werden sollte. Trotzdem hatte er einen Bau entworfen, der sich harmonisch in das Gelände einfügt bzw. der alten Einfriedungsmauer des Schlosses anpasst. Das hier erstmals bei einem von der Gemeinde Wien beauftragten Bauwerk angewandte romantisch-expressionistische Formenvokabular sollte für viele der wenig später errichteten kommunalen Wohnbauten Wiens beispielhaft werden. Mit der Errichtung des Wiener Krematoriums hatte der Verein der Freunde der Feuerbestattung „Die Flamme" in Österreich die Möglichkeit geschaffen, seine Maxime in die Tat umzusetzen: „Proletarisch gelebt, proletarisch gestorben und dem Kulturfortschritt entsprechend eingeäschert!"

Stellt man Holzmeisters 1921 entstandenes Krematorium dem rund zehn Jahre älteren Looshaus auf dem Michaelerplatz und dem nahezu 25 Jahre zuvor errichteten Gebäude der Secession gegenüber, zeigt sich sehr deutlich, welche Architekturentwicklung in diesem Vierteljahrhundert in Österreich vollzogen wurde.

Das noch 1917, während des Ersten Weltkriegs, gegründete Österreichische Verkehrsbüro benötigte ein paar Jahre nach Kriegsende eine räumliche Vergrößerung, um seinem anwachsenden Aufgabenbereich auch weiterhin gerecht werden zu können. Die Gemeinde Wien und die Kommission für Verkehrsanlagen verpachteten dem Österreichischen Verkehrsbüro

architect, Otto Wagner, is seen today as one of the most significant pioneers of early Modernism. Although he led the master class at the Academy of Fine Arts for a much shorter time than Carl König (1894–1912, and until 1915 as Honorary Professor), his almost two hundred students shaped the architecture of the First Republic, above all that of Red Vienna, in a decisive manner.

In addition to this general situation which dominated everything, there is yet another series of "lone fighters", amongst whom Adolf Loos (p. 66, 67), Lois Welzenbacher (p. 71, 97, 101) and Josef Frank (p. 54, 57, 59, 68–70, 75 ff.) are the most important.

Out of the great number of architectural examples, it is now necessary to present a representative selection, which on the one hand represent the architectonically outstanding top performances of the 1920s and which on the other hand may be viewed as typical examples for many similar buildings. A clear signal for the change in architecture after the First World War, and a building which significantly influenced stylistically the communal apartment buildings of Red Vienna, originated from, of all people, a declared representative of the Christian Socialist party, the architect Clemens Holzmeister (p. 95, 98), who would later play an important role in the authoritarian state. Although Holzmeister only attained third place in the competition for the Crematorium (see volume 1910-1920), he was given the commission for the building. During the design work for the project, the architect also did not realise that his project would be constructed in the garden of the Renaissance palace "Schloss Neugebäude" in Simmering. Nevertheless, he designed a building that fits harmoniously into the surroundings and which is adapted to the old boundary wall of the Schloss. The romantic-expressionist vocabulary of forms applied here for the first time on a building commissioned by the municipality of Vienna, would become a model for many of the communal apartment complexes erected shortly afterwards in Vienna. With the erection of the Vienna Crematorium, the Association of Friends of Cremation, "Die Flamme", were able to put into practice their maxim, "Lived as a proletarian, died as a proletarian, and burned to ashes in the name of cultural progress!"

If one compares Holzmeister's Crematorium of 1921, to the approximately ten years older Looshaus on the Michaelerplatz and to the almost twenty-five years older Secession building, then it is abundantly clear which architectural development had taken place in Austria during the course of this quarter century.

The Austrian Transportation Bureau, which had been founded in 1917 during the First World War, required spatial enlargement already a couple of years after the end of the war; this increase in space would enable it to carry out its growing area of responsibilities. The municipality of Vienna and the Commission for Transportation Affairs leased a plot

fig. 1

für 20 Jahre eine Grundfläche gegenüber dem Secessionsgebäude. Das ein Vierteljahrhundert nach der Secession errichtete Gebäude, das durch Stil und Form an eine bürgerliche Villa erinnert (fig. 1), könnten manche Zeitgenossen als Rückschritt empfunden haben. Als Architekten wurden die beiden Wagner-Schüler Heinrich Schmid und Hermann Aichinger verpflichtet, die wenig später zu den erfolgreichsten Erbauern des kommunalen Wohnbaus in Wien aufstiegen – jedoch auch noch nach dem Februarkämpfen des Jahres 1934 im „schwarzen" Wien weiterhin sehr erfolgreich agierten. Dem Bauplatz kommt durch die radial darauf zulaufenden Straßen sowohl verkehrstechnisch als auch städtebaulich eine besondere Bedeutung zu. Darüber hinaus liegt das Grundstück über der hier unterirdisch geführten Stadtbahn (heute U-Bahn) und teilweise über der Einwölbung des Wienflusses. Diese ungewöhnliche Situation beeinflusste den Grundriss und die Konstruktion des Gebäudes und damit auch dessen architektonischen Aufbau.

Mit dem 1922/1923 errichteten Metzleinstaler-Hof (fig. 2) in Wien V. schuf der Wagner-Schüler Hubert Gessner einen frühen – wenn nicht sogar den frühesten – Typus der später häufig vorkommenden Form der Randverbauung bei Volkswohnhäusern in Wien. Der Metzleinstaler-Hof gilt als einer der ersten Gemeindewohnbauten. Er war Teil eines Wohnbauprogrammes der Gemeinde Wien, das die Errichtung von 25.000 Wohnungen innerhalb von fünf Jahren vorsah. Finanziert wurde dieses Projekt aus Mitteln der neu geschaffenen Wohnbausteuer.

Ursprünglich hatte Robert Kalesa im Auftrag eines privaten Bauherrn bereits 1916 für die Bauparzellen in Wien V, Margaretengürtel 90-98 fünf Einzelgebäude geplant. Diese Bauten waren bis zum Mezzanin hochgezogen worden, als der Erste Weltkrieg die Bautätigkeit stoppte. 1919 entwarf Kalesa – nun im Auftrag der Gemeinde Wien – für die entlang des Gürtels gelegenen fünf Parzellen einen einzigen Gebäudeblock.

fig. 2

1923–1925 wurde der Bau an seiner Rückseite mit allen für den Wiener Volkswohnbau der Zwischenkriegszeit typischen Merkmalen nach Plänen von Hubert Gessner um drei Trakte zu einer Hofanlage erweitert. Mit der Erbauung des Metzleinstaler-Hofes als Massenwohnbau, der durch die hofseitig gelegenen Eingänge zum Treppenhaus die Kommunikation und den Gemeinschaftssinn der Hausbewohner förderte, verwirklichte Gessner die Vorstellungen seines Auftraggebers, der Gemeinde Wien.

of land for 20 years to the Austrian Transportation Bureau opposite the Secession building. The building, constructed a quarter of a century after the Secession and reminiscent of a bourgeois villa, might have been interpreted by some as retardataire (fig. 1). The architects were both students of Wagner, Heinrich Schmid and Hermann Aichinger; shortly afterwards they advanced to become highly successful architects of the communal apartment complexes in Vienna. After the February battles of 1934, they nonetheless continued to enjoy great success in "black" Vienna. Due to the radial system of streets which led to it, the site of the Transportation building emerged as extremely significant not only in terms of traffic connections but also in terms of urban planning. Furthermore, the plot of land lay above the city rail system which here ran underground (today, the U-Bahn) and partially above the vaulting of the Vienna River. These unusual circumstances influenced the ground plan and the construction of the building, and therefore also its architectonic structure.

With the Metzleinstaler-Hof (fig. 2), built in 1922/1923, the Wagner student Hubert Gessner created an early – if not the earliest – type of the boundary construction for popular housing in Vienna. This type would become very widespread, and the Metzleinstaler-Hof is understood as one of the first blocks of council flats. This building formed an element of the construction programme of the municipality of Vienna, which planned to construct 25,000 housing units within five years. This project was financed by the newly created residential building tax.

Originally, Robert Kalesa had planned to construct five individual buildings on the building lot in the 5th district, Margaretengürtel 90–98, commissioned by a private building contractor. These buildings had reached the level of the mezzanine when the First World War stopped building activity. In 1919 Kalesa – now commissioned by the Vienna council – redesigned a single building block for the five lots of land lying next to the Gürtel. Between 1923 and 1925 the building was extended at the back, based on plans by Hubert Gessner, into a courtyard complex with three tracts, incorporating all the typical characteristics of the Viennese council house complex from the period between the wars. With the construction of the Metzleinstaler-Hof as a residential complex for the masses, which encouraged communication and a sense of community for the residents by means of the entrances to the stairwells located on the courtyard side, Gessner had implemented the ideas of the contracting authority, the Vienna city council. A representative facade facing Siebenbrunnengasse, which today has substantially lost its impact due to the dense construction, is provided with shops and a terrace in front of the library. With the articulation of the facade, Gessner basically took up the design of Robert Kalesa. He continued the cornices and repeated or varied the framing ornament, carried out by Kalesa in plaster, in majolica.

Eine repräsentative Front zur Siebenbrunnengasse hin, die heute jedoch durch die dichte Verbauung wesentlich an Wirkung verloren hat, ist mit Geschäftslokalen und einer Terrasse vor der Bibliothek versehen. Gessner nahm mit seiner Fassadengliederung diejenige von Robert Kalesa grundsätzlich auf. Er setzte Gesimse fort und wiederholte bzw. variierte die bei Kalesa in Putz ausgeführten rahmenden Ornamente in Majolika.

Gemeinsam mit dem Metzleinstaler-Hof zählt der Fuchsenfeld-Hof (S. 41) in Wien-Meidling zu den ersten kommunalen Wohnbauten des Roten Wien. Wie bei diesem geht der Bebauungsplan auf die Zeit während des Ersten Weltkriegs zurück, als eine Baufirma – bedingt durch die Geldentwertung – den Bau nicht mehr weiterführen konnte.

Mit der Planung für die insgesamt ca. 1.100 Wohnungen umfassende Anlage wurden Heinrich Schmid und Hermann Aichinger beauftragt. Bereits der erste Bauteil der Anlage weist alle wichtigen Verbesserungen des Wiener Gemeindewohnbaus der Zwischenkriegszeit gegenüber den Massenwohnbauten aus der Zeit vor dem Ersten Weltkrieg auf: keine Lichthöfe und keine langen Stiegengänge mit Gangfenstern, Eingänge in die Stiegenhäuser im Hof, Toiletten und Fließwasser in den Wohnungen. Erstmalig wurden hier auch von der Gemeinde Wien Gemeinschaftseinrichtungen (Zentralwäscherei, Kinderaufenthaltsräume mit vorgelagerten Kinderspielplätzen, Planschbecken, Lehrwerkstätte, Lesezimmer, Kindergarten, Badeanstalt) errichtet.

Einer gänzlich anderen Bauaufgabe ist das 1922 erbaute Haus Rufer von Adolf Loos in Wien XIII, Schließmanngasse 11, zuzurechnen (S. 66). Bei dem Haus spielt nicht der soziale Aspekt eine Rolle, sondern die maximale Ausnützung einer minimalen Kubatur. Im Gegensatz zu dem von Loos wenig zuvor errichteten Haus Horner (siehe Band 1910-1920), wo nur die Außenwände tragend sind, entwickelte der genial veranlagte Architekt das Haus für den Kaufmann und Zuckerimporteur Josef Rufer auf einer Fläche von nur zehn mal zehn Metern um eine tragende Säule in der Hausmitte. Gemäß der von ihm aufgestellten Forderung, die Häuser von innen nach außen zu entwerfen, ist das komplexe räumliche Konzept durch die freie Fensterverteilung an der Fassade erlebbar. Zugleich legte sich aber Loos selbst Fesseln an, indem er die strenge Würfelform des Hauses nur mit der in das oberste Geschoß eingeschnittenen Terrasse und der Loggia mit Terrasse im Hauptgeschoß durchbrach. Mit dem hier erstmals konsequent entwickelten Raumplan verwirklichte Loos ein Beispiel, wie man Stockwerke nicht nur schichtmäßig übereinander legen, sondern den Einzelräumen eine gemäß ihrer Funktion und Bedeutung adäquate Höhe verleihen kann.

Nur wenige Monate später, 1924/1925, errichtete Josef Hoffmann die Villa Knips in Wien XIX, Nusswaldgasse 22 (S. 65). Ähnlich wie das Verkehrsbüro ein Gegenstück zur Secession darstellt, können auch die Villen Rufer und Knips als

Together with the Metzleinstaler-Hof, the Fuchsenfeld-Hof (p. 41) in Vienna-Meidling counts amongst the earliest communal residences of Red Vienna. As with the former, the construction plan of the Fuchsenfeld-Hof dates back to the period of the First World War, at which time a construction company was unable to finish the work due to the devaluation of the currency.

Heinrich Schmid and Hermann Aichinger were given the job of planning the complex, which was to incorporate ca. 1,100 residences. The first element that was built already reveals all of the important improvements of the Viennese council apartment complex of the period between the wars, compared to the large apartment buildings dating to before the war: no light wells and no long staircases with corridor windows, entrances to the staircases from the courtyard, no toilets in the corridors, and running water in the individual apartments. Also for the first time here, communal areas were constructed by the Vienna council – a central laundry area, playrooms for children with playgrounds in front of them, paddling pools, training workshops, reading rooms, a kindergarten, and a bathing area.

A very different building assignment was the House Rufer (p. 66), built by Adolf Loos in 1922 at Schließmanngasse 11, in the 13th district of Vienna. With this house, it was not the social aspect which played a role, but rather the maximal utilisation of a minimal cubage. In contrast to the House Horner (see volume 1910-1920), erected by Loos shortly before, where only the exterior walls were load-bearing, the ingenious architect constructed a house for the businessman and sugar importer Josef Rufer on a plot of land measuring only ten by ten metres, around a central load-bearing column in the middle of the house. In accordance with his demand to design houses from the inside to the outside, the complex spatial concept can be experienced through the clear distribution of windows at the facade. At the same time, however, Loos constrained himself in that he broke through the severe cubic form of the house only with the terrace which is cut in to the uppermost storey of the house, and with the loggia with terrace in the main storey. With this spatial plan developed systematically here for the first time, Loos achieved an example of how it was possible not only to place the storeys on top of each other in levels, but instead to bestow an adequate height to the individual rooms, appropriate to their function and significance.

Only a few months later, in 1924/1925, Josef Hoffmann built the Villa Knips (S. 65) in the 19th district, at Nusswaldgasse 22. Similarly as the Transportation Office had representated a counterpart to the Secession, the villas Rufer and Knips may also be viewed as antitheses of each other. The Villa Knips – whose patroness Sonja Knips had her portrait painted by Gustav Klimt – is the last of the urban villas of Josef Hoffmann. In contrast to Hoffmann's Villa Skywa-Primavesi (see

fig. 3

Gegenbilder gesehen werden. Die Villa Knips – deren Bauherrin Sonja Knips sich von Gustav Klimt hatte porträtieren lassen – ist die letzte der großstädtischen Villen Josef Hoffmanns. Im Unterschied zu seiner noch vor dem Ersten Weltkrieg erbauten Villa Skywa-Primavesi (siehe Band 1910–1920), die sich aus mehreren Kuben zusammensetzt, entwarf der Architekt hier einen stärker geschlossenen Baukörper, der sich am Wiener Biedermeier und dessen privater Atmosphäre orientierte. In der äußeren Erscheinung werden Wohn- und Wirtschaftsteil voneinander getrennt. Dabei betont Hoffmann jedoch nicht so sehr das Bauvolumen als vielmehr die einzelnen Fassadenflächen. Die Fronten erscheinen als dünne, nahezu körperlose Flächen, die an den Gebäudekanten zusammengefügt sind. Diese Gestaltung geht ebenso auf seinen Lehrmeister Otto Wagner zurück, wie auch die kleinen, diamantförmigen Zierelemente an den Fassaden. Was bei Wagners Postsparkasse oder Kirche am Steinhof (siehe Band 1900–1910) noch scheinbar Funktion hatte, wurde hier endgültig und für jedermann offensichtlich zum reinen Dekor. Der schmale Bau ermöglicht selbst an seiner breitesten Stelle nur zwei hintereinanderliegende Raumschichten. Vom Vorraum aus erreicht man die große Halle mit anschließendem Speiseraum und Gästezimmern. Die Trennung von Wohnhalle und Speisezimmer sowie der Küche von der Anrichte erfolgt mit beidseitig verglasten, raumhohen Schränken, die den umfassenden Gestaltungswillen Hoffmanns belegen. Ein Gang führt in den Wirtschaftsteil, wo eine Wirtschaftsstiege für das Dienstpersonal vorhanden ist. Im ersten Stock und in der Mansarde richtete Hoffmann weitere Wohn- und Schlafräume mit Badezimmer sowie eine Bibliothek ein.

Mit dem von 1925/1926 errichteten Klose-Hof in Wien XIX, Philippovichgasse 1, beteiligte sich Josef Hoffmann auch am kommunalen Wohnbau der Stadt Wien.

Der in München geborene Architekt Lois Welzenbacher, der weder vor noch nach dem Zweiten Weltkrieg in Wien jemals richtig ansässig wurde, obwohl er in der Zeit des Wiederaufbaus eine Professur an der Akademie der bildenden Künste inne hatte, errichtete 1923/1924 in der Sternwartestraße 83, Wien XVIII, ein Wohnhaus für Hermann Arnold. In der Gliederung des Baukörpers und in der Gestaltung der Detailformen reagierte er auf den Bauplatz im vornehmen Cottage-Viertel. Nichts erinnert hier an seine zuvor in den Alpen entstandenen Bauten (fig. 3, S. 97, 101). Beeindruckt von der Wohnkultur des Wiener Biedermeier schuf der Architekt einen Villenbau, dessen Hauptfassaden streng symmetrisch sind, und der von den Bauten Josef Hoffmanns und Josef Plečniks etwa gleichweit entfernt ist. Den einzigen Schmuck der schlichten Straßenfassade bildet ein mittiger Balkon mit einfachen Stabgittern, der von

fig. 4

volume 1910–1920), built before the First World War and constructed out of a series of cubes, the architect here developed a starkly enclosed main structural unit, which was oriented towards the Vienna Biedermeier and its private atmosphere. In the outward appearance, living areas and commercial areas were separated from each other. In so doing, Hoffmann emphasised, however, not so much the structural volume as, much more, the individual plances of the facade. The facades appear as thin, almost incorporeal planes, joined at the corners of the building. This design relates back to his teacher Otto Wagner, just as do the small, diamond-shaped decorative elements on the facades. That which still apparently had a function on Otto Wagner's Postsparkasse or Kirche am Steinhof (see volume 1900–1910), was here finally and visibly reduced to pure decoration. The narrow building only provided space, even at its widest point, for two rooms behind each other. From the entrance lobby, the great hall was accessed, with adjacent dining room and guest rooms. The separation of the living room and the dining room, as well as the kitchen from the serving areas, occurred by means of room-high cupboards, glazed on both sides, which attest to Hoffmann's comprehensive creative drive. A corridor leads to the commercial area, where a staircase exists for the serving personnel. In the first storey and in the mansard, Hoffmann set up additional living rooms and bedrooms with bathrooms, as well as a library.

Hoffmann also participated in the communal residential complexes of the city of Vienna, with the Klose-Hof erected from 1925/1926 in the 19th district at Philippovichgasse 1.

The architect Lois Welzenbacher, born in Munich and who neither before nor after the Second World War ever really settled in Vienna – although in the period of reconstruction he held a professorship at the Academy of Fine Arts – erected a house for Hermann Arnold in the 18th district, at Sternwartestraße 83, between 1923/1924. In the articulation of the main building unit, and in the design of the details, he reacted to the constructions in the genteel Cottage District. Nothing is reminiscent here of his earlier buildings in the Alps (fig. 3, p. 97, 101). Influenced by the domestic culture of the Vienna Biedermeier, the architect created a villa with a strongly symmetrical main facade, which is equally distant from the buildings of Josef Hoffman and Josef Plečnik. A central balcony with simple bar railing constitutes the only decoration of the simple street facade; the balcony is supported by four columns which taper towards the top (fig. 4). The Biedermeier effect is alienated by the low column capitals. This alienation is reminiscent of the columnar paraphrases of Plečnik, while on the other hand the overall Biedermeier effect of this house is close to the Villa Knips by Hoffmann.

From 1923–1925, the official architect Adolf Stöckl built the children's home of the municipality of Vienna, at Lustkandlgasse 40 in the 9th district (fig. 5). It is perhaps less the

vier, sich nach oben geradlinig verjüngenden, Säulen getragen wird (fig. 4). Der biedermeierliche Eindruck wird durch die tief sitzenden Säulenkapitelle verfremdet. Diese Verfremdung erinnert an die Säulenparaphrasen Plečniks, während hingegen der biedermeierliche Gesamteindruck dieses Hauses der Villa Knips von Hoffmann nahe steht.
1923–1925 errichtete der beamtete Architekt Adolf Stöckl in Wien IX, Lustkandlgasse 40, die Kinderübernahmestelle der Gemeinde Wien (fig. 5). Es ist vielleicht weniger die architektonische Qualität dieses Baus, die einen beeindruckt, sondern vielmehr der visionäre soziale Gedanke, der bei seiner Errichtung eine maßgebliche Rolle spielte. Mit der Erbauung einer als prunkvoll zu bezeichnenden Kinderübernahmestelle, getreu dem Motto von Stadtrat Julius Tandler „Wer Kindern Paläste baut, reißt Kerkermauern nieder", wohin Kinder gebracht werden konnten, deren Eltern es aus den unterschiedlichsten Gründen nicht möglich war, die Versorgung ihrer Kinder selbst zu übernehmen, zeigte die Stadtverwaltung, welch große Bedeutung dieser traurigen Realität beigemessen wurde. In der Kinderübernahmestelle wurden die Kinder beobachtet und über ihre Unterbringung bei Pflegeeltern entschieden. Besonderes Augenmerk wurde auf größtmögliche Hygiene gelegt.
Die beiden Architekten Otto Nadel und Karl Schmalhofer errichteten 1923–1926 in Wien X, Reumannplatz 9, das nach der sozialdemokratischen Gemeinderätin Amalie Pölzer genannte „Amalienbad" (fig. 6), das heute als steingewordenes Manifest für die Gesundheitspolitik der zwischen den Kriegen regierenden sozialdemokratischen Wiener Gemeindeverwaltung gilt. Durch seine architektonische Gestaltung wird der Nutzbau zum Denkmal erhöht, der Hygiene und Sauberkeit symbolisieren sollte. Die ineinander verschachtelten Kuben steigern sich gegen die Mitte zu und werden von einem Wasserturm bekrönt, dessen Uhr gleichsam die „Neue Zeit" anzeigt. Die überlebensgroßen weiblichen Steinskulpturen an der Fassade stammen von Karl Stemolak. Die im Grundriss den römischen Thermen nahestehende Anlage mit ihren vielfältigen Badeeinrichtungen bot gleichzeitig 1.300 Personen die Möglichkeit, sich zu reinigen und zu erholen. Herzstück des Bauwerks von nahezu sakraler Wirkung ist die basilikale Schwimmhalle mit Tribünenstufen an den Seiten, einem zehn Meter hohen Springturm aus Stahlbeton und einer zweigeschossigen Galerie für Umkleidekästchen. Besonders prachtvoll wurde der Bereich der Reinigungsduschen und der Warmbecken mit Keramikverkleidungen ausgestattet, die das Wiener Kunstgewerbe im Übergang zwischen Spätsecession und Art Déco zeigen.
Josef Frank war ein Vertreter der Siedlerbewegung und trat in Essays und Vorträgen gegen den „Volkswohnungspalast" auf, wie er von der sozialdemokratischen Gemeindeverwaltung in den zwanziger und dreißiger Jahren in ganz Wien errichtet wurde. Trotzdem musste er sich – da er am Baugeschehen Wiens teilnehmen wollte – den Zwängen seiner Auftraggeber unterwerfen. Franks Wohnhausanlagen zeigen

architectonic quality of this building that impresses, but rather the visionary social concerns that played a decisive role in its construction. With the erection of this children's home, which can be described as sumptuous, true to the motto of the alderman Julius Tandler, "he who builds palaces for children, tears down dungeon walls", the city administration showed what great importance it attached to the sad reality: it was here that children could be brought whose parents, for various reasons, could not look after them themselves. In the children's home, the children were observed, and decisions were made regarding their placement in foster homes. Particular attention was paid to the best possible hygienic conditions.

fig. 5

The architects Otto Nadel and Karl Schmalhofer constructed, 1923–1926, the "Amalienbad" (fig. 6) in the 10th district, at Reumannplatz 9. This public pool was named after the Social Democratic councilwoman Amalie Pölzer, and is viewed today as a firm manifesto of the politics of health of the Social Democratic Viennese municipal administration between the wars. Due to its architectonic design, the functional building was elevated to a monument that should symbolise hygiene and cleanliness. The interconnected cubes increase towards the middle, and are crowned by a water tower whose clock shows the "New Time". The overlifesize female stone sculptures on the facade are the work of Karl Stemolak. The complex, which in its groundplan is close to the design of Roman baths, with its numerous bathing establishments offered 1,300 people the opportunity to cleanse themselves and relax at the same time. The heart of the building, with an almost sacred effect, is the basilical swimming hall with tribunal-like steps at the sides, a ten-metre tall diving tower made of ferroconcrete, and a two-storeyed gallery for changing cabinets. The area of the showers and the warm pools is particularly sumptuously decorated with ceramic facing, which display Viennese applied arts in the phase between late Secession and Art Deco.
Josef Frank was a representative of the settlement movement, and spoke out in essays and lectures against the "People's residential palaces", as erected by the Social Democratic municipal authorities in the 1920s and 1930s throughout Vienna. Nevertheless, he had to capitulate to the coercion of his clients – as he wanted to participate in construction in Vienna. Yet Frank's residential structures reveal an attempt to differentiate himself from the dramatic "superblocks". In an initial project for the Wiedenhofer-Hof in the 17th district, at Kongressplatz, Frank proposed a meagre development density, yet this

fig. 6

fig. 7

aber ein Bemühen, sich von den pathetischen „Superblocks" zu unterscheiden. Seine in einem Vorprojekt für den Wiedenhofer-Hof in Wien XVII, Kongressplatz, geforderte geringe Verbauungsdichte wurde von der Bauherrin, der Gemeinde Wien, in einer für Franks Verhältnisse schon unzulässigen Weise verdichtet. Der Baukörper wird durch großzügige Loggien an seinen Bruchkanten aufgelockert. Ein zungenartiger Mitteltrakt trennt den Hof in zwei Teile. Das starke Gefälle des Bauplatzes machte eine Verbindung der beiden Hofteile durch eine breite Treppenanlage notwendig und ermöglichte Frank zugleich die Errichtung unterschiedlich hoher Trakte ohne Abweichung der Traufhöhen.

Aus der Vielzahl der Wiener Gemeindewohnhausanlagen der Zwischenkriegszeit sei hier noch der Sandleiten-Hof als Wohnhausanlage der Superlative genannt (fig. 7). Mit 1.576 Wohnungen ist die Anlage die größte, die im Rahmen des 1923 von der sozialdemokratischen Stadtverwaltung beschlossenen Wohnbauprogramms errichtet wurde. Schließlich wurden bis 1933 in Wien sogar 65.000 Wohnungen errichtet. Ein Großaufgebot von Architekten, das sich nur mit der Arbeitsgemeinschaft des Winarsky-Hofes im XX. Wiener Gemeindebezirk vergleichen lässt, war an ihrer Errichtung beteiligt. Waren dort mit Peter Behrens, Josef Frank, Oskar Strnad und vielen anderen die international orientierten Kräfte am Werk, so waren beim Sandleiten-Hof eher die Anhänger der Heimatschutzbewegung tätig. Dementsprechend unterscheiden sich die beiden Großanlagen schon in ihren grundrisslichen Anordnungen: beim Winarsky-Hof die geschlossene Blockrandverbauung, beim Sandleiten-Hof die romantische, teilweise dem stark ansteigenden Gelände folgende Bebauung, die ein Ensemble von Plätzen und Höfen bildet. Von Süden nach Norden ändert sich die Bebauungsstruktur stetig, aber für den Passanten nahezu unmerklich, von anfangs noch geschlosseneren, bandartigen Platzumschließungen (Hoppe/Schönthal/Matouschek) zu einer ins anschließende Villenviertel überleitenden offenen Bebauung (Theiss/Jaksch und Krauss/Tölk). Besondere Beachtung verdient das an der Sandleitengasse liegende Kindergartengebäude mit Spielterrassen, das von dem beamteten Architekten Erich Franz Leischner nach den Grundsätzen von Maria Montessori errichtet wurde.

Das 1926–1928 von den Architekten Paul Engelmann und dem weltberühmten Philosophen Ludwig Wittgenstein in Wien III, Kundmanngasse 19, errichtete Haus Wittgenstein (fig. 8) stellt in der Architekturgeschichte ein Unikat von besonderem Rang dar. Es ist nicht nur als Bauwerk an sich, sondern auch durch die bei seiner Erbauung direkt oder indirekt beteiligten Personen von besonderem Interesse. Das Grobkonzept für

was not respected by the client, the municipal authority of Vienna, in a manner inconsistent with Frank's conditions. The body of the structure was broken up by generous loggias at its angles. A tongue-like central tract separated the court into two parts. The stark incline of the site made a connection necessary between the two court elements by means of a wide staircase, and provided Frank at the same time with the opportunity to erect tracts on differing levels without diverging from the height of the eaves.

Out of the many social housing projects constructed by the urban authorities during the period between the wars, the Sandleiten-Hof should be mentioned here as a housing project at superlative scale (fig. 7). With 1,576 apartments, the site is the largest to have been erected in the framework of the construction programme decided upon in 1923 by the Social Democratic municipality. Ultimately, 65,000 apartments were constructed up until 1933 in Vienna. A large number of architects took part in their construction, which can only be compared to the project group of the Winarsky-Hof in the 20th district of Vienna. Whereas there, Peter Behrens, Josef Frank, Oskar Strnad and many others were at work in an internationally oriented direction, at the Sandleiten-Hof, instead, the supporters of the movement for „Heimatschutzbewegung" were active. In this regard, the two large-scale complexes can be differentiated already in the organisation of their groundplans: at the Winarsky-Hof, the closed-in blocks are developed around the edges, whereas at the Sandleiten-Hof, the romantic development, which partially follows the sharply rising groundlevel, constitutes an ensemble of plazas and courtyards. The structure of development changes steadily from south to north, yet in an almost imperceptible manner for the passer-by, from still closed-in, ribbon-type circumvallations (Hoppe/Schöntal/Matouschek), to a more open development leading to an adjacent villa district (Theiss/Jaksch and Krauss/Tölk). The kindergarten building, located on the Sandleitengasse, deserves particular attention with its playground terraces; this was constructed by the official architect Erich Franz Leischner according to the principles of Maria Montessori.

The Palais Wittgenstein, built between 1926 and 1928 by the architect Paul Engelmann and the world-famous philosopher Ludwig Wittgenstein in the 3rd district, at Kundmanngasse 19, represents a unique specimen of particular importance in the history of architecture (fig. 8). It is of especial significance not only for the edifice alone, but also for the direct or indirect involvement in its construction of those personalities just named. The basic concept for the house, which would have been unthinkable without the theories and buildings of Adolf Loos, was developed by the multi-talented student of Loos and friend of Wittgenstein, Paul Engelmann. Wittgenstein developed Engelmann's concept further and thereby bestowed on the house its inimitable character. This character consists

das Haus, das ohne die Thesen und Bauten von Adolf Loos undenkbar wäre, wurde von dem vielseitig begabten Loos-Schüler und Wittgenstein-Freund Paul Engelmann entwickelt. Wittgenstein setzte Engelmanns Konzept fort und verlieh dem Haus damit seinen unverwechselbaren Charakter, der in den ausgeklügelten Proportionsverhältnissen, der radikalen Reduktion der verbauten Materialien (Eisen, Glas, Beton und Marmorstuck) und der puristischen Außengliederung durch ineinander verschachtelte Kuben besteht. Die Bauherrin, Margaret Stonborough-Wittgenstein, eine Dame der Wiener Gesellschaft, war die Schwester Ludwigs und ist durch das Porträt Gustav Klimts bis heute im Bewusstsein der Öffentlichkeit geblieben. Die Geschwister Margaret und Ludwig waren Kinder des österreichischen Stahlmagnaten Karl Wittgenstein. Immer wieder wurde versucht, Parallelen zwischen der Architektur und der klar strukturierten Philosophie Wittgensteins zu ziehen, wofür sein philosophisches Hauptwerk, der 1919 fertiggestellte „Tractatus logico-philosophicus“, als geistige Grundlage angesehen wurde.

Der Karl Marx-Hof (S. 46) im XIX. Wiener Gemeindebezirk ist zwar mit über 1.300 Wohnungen nicht der größte Wohnbau des „Roten Wien“ aber sicherlich der bekannteste. Die Anlage, welche die treffende Bezeichnung „Ein Kilometer Art Déco“ erhielt, entstand auf einem schmalen, aber sehr langen, Grundstück zwischen der Heiligenstädter Straße und den Gleisanlagen der Franz-Josephs-Bahn. Die Errichtung eines „Superblocks“ an diesem Platz sollte sozialdemokratische Wählerschichten in einen von den Christlichsozialen dominierten Bezirk bringen. Aus einem Wettbewerb, an dem auch Clemens Holzmeister teilnahm, ging das Projekt des Wagnerschülers und Angestellten des Wiener Stadtbauamtes Karl Ehn siegreich hervor. Indem Ehn die Trakte entlang der Ränder des Grundstückes errichtete, ermöglichte er riesige Gartenhöfe, welche die Gemeinschaftseinrichtungen aufnahmen, und verbaute nur 18% der Gesamtfläche. Den dominierenden Mittelteil gestaltete er in Form eines Ehrenhofes, dessen sechs Turmaufbauten sich über weitgespannte Durchgangsbögen erheben. Seiner Vision nach sollten durch sie die vom dahinterliegenden Bahnhof heimkehrenden Arbeitermassen zu ihren Wohnungen strömen.

Mit dem 1927/1928 erbauten Haus Moller (S. 67) in Wien XVIII, Starkfriedgasse 19, konnte Adolf Loos, der zu diesem Zeitpunkt bereits in Paris lebte, seine Vision eines Raumplanes in einer bürgerlichen Villa umsetzen. Der Bauherr, Hans Moller, war Ingenieur und Textilfabrikant. Die Villa Moller gliedert sich nahtlos in die Reihe der Loos-Bauten aus dessen Zeit in Frankreich ein. Ähnlich wie für das von ihm entworfene Haus Tristan Tzara in Paris schuf der Architekt eine strenge „öffentliche“ symmetrische Straßenfront, der er eine aufgelockerte, „private“ Gartenseite gegenüberstellte. Damit steht das Haus im Gegensatz zu früheren Loos-Villen, bei denen keine Differenzierung der Fassadengestaltung auszumachen

in the sophisticated relationship of its proportions, the radical reduction of the structural materials (iron, glass, concrete and stuccoed marble), and the puristic exterior articulation by means of cubes nested within each other. The building's client, Margaret Stonborough-Wittgenstein, a prominent member of Viennese society, was the sister of Ludwig and has remained until today in the public eye due to the portrait of her by Gustav Klimt. The siblings Margaret and Ludwig were the children of the Austrian steel magnate Karl Wittgenstein. It has often been attempted to draw parallels between the architecture of the house and the clearly structured philosophy of Wittgenstein, whereby his main philosophical work, the "Tractatus logico-philosophicus" completed in 1919, is frequently cited.

fig.8

The Karl-Marx-Hof (p. 46) in Vienna's 19th district, with over 1,300 apartments is by no means the largest of the socialist housing projects of "Red Vienna" but is certainly the most well-known. The site, which obtained the apt term "a kilometre of Art Deco", grew up on the narrow "Hagenwiese" between Heiligenstädter Straße and the tracks of the Franz-Joseph railway. The construction of a "superblock" on this site aimed to bring Social Democratic voters into a district dominated by the Christian Social party. Out of a competition in which Clemens Holzmeister also took part, the project was awarded to the Wagner student and employee of the Vienna Municipal Planning and Building Office, Karl Ehn. Since Ehn constructed the building tracts along the edges of the plot of land, he was able to create vast garden courtyards which contained the community facilities, and he thereby built up only 18% of the total building area. He shaped the dominating central tract in the form of a forecourt, whose six monumental towers rise up above broadly spanned entrance archways. According to his vision, the masses of workers coming from the railway station behind the complex should pour through these archways to their homes.

With the Moller House (p. 67), built 1927/1928 in the 19th district at Starkfriedgasse 19, Adolf Loos – who at that time was living in Paris – was able to implement his vision of spatial planning in a middle-class villa. The client, Hans Moller, was an engineer and textile manufacturer. The Moller villa can be fitted seamlessly into the series of Loos buildings from his period in France. In a similar fashion to the villa which the architect created for Tristan Tzara in Paris, Loos designed a stark, symmetrical, "public" street facade, which opposed the looser, "private" garden side. In this way the villa stands in contrast to earlier Loos villas, where no major differentiation between the street and garden facades can be recognised. As with the House Horner, at House Moller the exterior walls

fig. 9

ist. Ähnlich wie beim Haus Horner sind beim Haus Moller die Außenmauern tragend, womit das Ineinandergreifen der Räume erleichtert wurde. Der als Kubus angelegte Baukörper über einer Grundfläche von 25 zu 21 Meter ist gartenseitig im Hochparterre mit einer vorgebauten Terrasse und einem halben Dachgeschoß ausgestattet, wodurch sich – von der Seite betrachtet – der Eindruck eines Terrassenhauses ergibt. Im Inneren sind einige räumliche Raffinessen, wie etwa das gegenüber dem Wohnzimmer höher gelegene Speisezimmer (das dadurch als Musikpodium genutzt werden konnte) mit der aufklappbaren Treppenanlagen, von höchstem Interesse.

Die Hygiene der oftmals körperlich schwer arbeitenden Bevölkerung zu verbessern, eine sinnvolle und die Gesundheit fördernde Freizeitgestaltung zu ermöglichen, war den Gemeindevätern des Roten Wien ein großes Anliegen. Daher wurde in den zwanziger Jahren eine ganze Reihe von Badeanlagen errichtet. Eine der markantesten und noch existierenden Freizeiteinrichtungen ist das Kongressbad, das 1928 in Wien XVI, Kongressplatz, vom beamteten Architekten Erich Franz Leischner errichtet wurde. Das Kongressbad entstand im Rahmen der Begleitmaßnahmen zum sozialen Wohnbauprogramm der Gemeinde Wien und zählt zu den interessantesten „Sommer-, Schwimm-, Luft- und Sonnenbäder" Wiens. Es ist Teil eines bedeutenden städtebaulichen Ensembles der Zwischenkriegszeit, zu dem der Sandleiten-Hof (mit dem Kindergartengebäude von Leischner), der Wiedenhofer-Hof (von Josef Frank), der Kongresspark mit der Milchtrinkhalle (beide von Leischner) und das Kinderfreibad (ebenfalls von Leischner) zählen. Die „Buden- und Praterarchitektur" der langgestreckten, leicht gebogenen Eingangsfront mit der rot-weiß-rot (die Farben der Gemeinde) gestrichenen Holzverschalung vermittelt die Atmosphäre der Wiener Arbeiterkultur. Letztendlich ist sie mit dem zentral gelegenen erhöhten Portalbau, der von markanten Fahnenstangen in Betonguss flankiert wird, den langgestreckten Seitentrakten und den Eckpavillons einer klassische Schlossarchitektur nachempfunden, die Leischner hier den Bedürfnissen des Proletariats anpasste.

An der Wende von den zwanziger zu den dreißiger Jahren steht das 1929–1931 von Josef Frank und seinem Mitarbeiter Oskar Wlach in Wien XIII, Wenzgasse 12, errichtete Haus Beer (S. 68f.). Der Baukörper regt zu Vergleichen – vor allem mit den Einfamilienhäusern von Adolf Loos, dessen Haus Scheu (siehe Band 1910–1920) sich in unmittelbarer Nähe befindet – an. Frank entwickelte darin gleichsam den Loos'schen „Raumplan" weiter. Bedingt durch die gegenüber den Loos-Häusern freiere Abfolge von Räumen, die am Außenbau als

were load-bearing, facilitating the interlocking of the rooms within. The main body of the structure is formed as a cube and is laid out on a plot of land measuring 25 x 21 metres. On the garden side at the mezzanine level the house is provided with a projecting terrace and a half attic floor, which gives the house the appearance of a split-level house when seen from the side. In the interior, a few sophisticated refinements are of particular interest, for example the dining room situated at a slightly higher level than the living room (and which therefore can be used as a music podium) with a foldable flight of stairs.

A particular concern for the councillors of Red Vienna was the improvement of the hygiene of the working classes, who often carried out hard physical labour, and to provide them with meaningful leisure activities which would benefit their health. To meet these goals, an entire series of bathing establishments was erected in Vienna in the 1920s. One of the most notable, and one which still exists, is the Kongressbad, built by the official architect Erich Franz Leischner in 1928 in the 16th district at Kongressplatz. The Kongressbad grew up within the framework of the accompanying measures for the social housing programme of the Vienna city council, and counts amongst the most interesting "Summer-, Swimming-, Fresh Air- and Sunbathing Baths" of Vienna. It forms an element of the most important urban ensembles of the period between the wars, amongst which can be counted the Sandleiten-Hof (with the kindergarten building by Leischner), the Wiedenhofer-Hof (by Josef Frank), the Kongresspark with the milk drink hall (both by Leischer) and the childrens' open air pool (also by Leischner). The "Booth- and Prater architecture" of the elongated, slightly curved entrance facade with its red-white-red (the colours of the council) painted wood planking conveys the atmosphere of Viennese working-class culture. Ultimately, the baths with their centrally located, elevated portal, flanked by imposing flagpoles in cast concrete, its elongated side tracts, and its corner pavilions, is modelled on classical palace architecture, which Leischner here adapted to the requirements of the proletariat.

At the turn of the 1920s to the 1930s can be found the House Beer (p. 68f.), erected 1929–1931 by Josef Frank and his colleague Oskar Wlach in the 13th district at Wenzgasse 12. The main body of the building prompts comparisons above all with the single-family homes by Adolf Loos, whose House Scheu (see volume 1910–1920) is found nearby. Frank developed further here Loos' "room plan". Conditioned by the freer sequence of rooms compared to houses by Loos – a sequence which is visible on the exterior as "room pockets" (as Josef Frank described them) – the interior of the house reveals itself quickly. The differing levels of hall and living room, with an intermediate level, form a spatial linchpin. The closed street facade is in contrast to the garden facade with its numerous window openings and

„Raumtaschen" (wie Josef Frank sie bezeichnete) erkennbar sind, erschließt sich das Innere des Hauses schnell. Die verschiedenen Ebenen von Halle und Wohnzimmer mit einem Zwischengeschoß bilden eine räumliche Stütze. Der geschlossenen Straßenfassade steht die Gartenfassade mit zahlreichen Fensteröffnungen und aufgestelzten Balkonen gegenüber, die im Gegensatz zu Loos'schen Konzeptionen den Garten in das Hausinnere mit einbeziehen (fig. 9). Das Haus ist frei vom spröden Klassizismus, der mitunter bei Bauten von Loos auftritt. Frank ließ durch Verzicht auf Einbaumöbel alles Mobiliar tatsächlich „mobil" und gab dadurch die Festlegung der Raumnutzung auf. Nur bei den Proportionen der Mauerflächen behielt Frank ein auf dem Quadrat und dessen Teilungen aufbauendes strenges System bei. Das Haus Beer, am Ende des hier behandelten Zeitraumes errichtet, stellt in jeder Beziehung eine Antithese zu dem ersten hier genannten Gebäude, dem Wiener Krematorium, dar.

Die hier vorgestellten Bauten sind als eine subjektive Auswahl von Objekten zu sehen, die stellvertretend für die eine oder andere Bauaufgabe sowie für den einen oder anderen Stil verstanden werden sollen. Gemeinsam ist ihnen nur, dass sie alle auf Wiener Boden errichtet wurden. Vollkommen unübersehbar wird die Zahl der Bauten, wenn man diejenigen hinzunimmt, die zwischen 1920 und 1930 in den Bundesländern errichtet wurden. Um das zu verdeutlichen, seien hier kurz und willkürlich einige nennenswerten Bauten aufgezählt: Festspielhaus Salzburg von Clemens Holzmeister, Knappensiedlung der Österreichisch-Alpine Montangesellschaft zu Hüttenberg in Kärnten von Siegfried Theiss und Hans Jaksch (fig. 10), Siedlung Reichenau bei Innsbruck von Lois Welzenbacher, Verlagshaus R. Kiesel in Salzburg von Wunibald Deininger, Zweigstelle der Österreichischen Nationalbank in Bregenz von Rudolf Eisler und Ferdinand Glaser, Kurhaus Semmering von Franz Krauss und Josef Tölk, Werkzeugfabrik der Gebrüder Böhler in Kapfenberg von Alfred Schmid, Städtisches Wasserwerk in Mödling von Hermann Tamussino.

In einem kurzen Aufsatz über die Baukunst der zwanziger Jahre fasste 1928 der Architekt und Fachjournalist Hartwig Fischl die Neuerungen des Bauens nach dem Ersten Weltkrieg zusammen: „Das Ende des neunzehnten Jahrhunderts stand auch in Österreich unter dem Zeichen der fortschreitenden Industrialisierung, der wachsenden Forderungen des Verkehres; Neue Gesichtspunkte für den Städtebau, zunehmende Vereinfachung der Formgebung, Befreiung von den historischen Fesseln. Es ist sicher kein Zufall, dass gerade Wien, wo im 19. Jahrhundert die intensivsten und prunkvollsten Wiederbelebungsversuche alter feudaler und bürgerlicher Kunstleistungen auftraten, zugleich mit dem Rückgang dieses Eklektizismus die stärkste Betonung einer neuen Zeitkunst, die bewusste Bejahung neuer Gegenwartsforderungen und zeitgemäßer formaler Ausdrucksmittel eintraten." (Fischl, S. 9)

applied balconies, which in opposition to Loos' conception include the garden in the house interior (fig. 9). The house is free of chilly classicism, which occasionally appears in buildings by Loos. By avoiding built-in furniture, Frank left all furniture actually "mobile" and thereby gave up the stipulation of the function of the rooms. Only with the proportions of the wall planes did Frank retain a rigorous system, based on the square and its divisions. The House Beer, constructed at the end of the time period uner consideration here, represents the antithesis in every way of the building first mentioned here, the Vienna Crematorium.

fig. 10

The buildings presented here represent a subjective selection of objects which should be understood as standing in for other building projects as well as for other styles. What they have in common is that they were all erected in Vienna. Completely incalculable is the number of buildings, if one includes them, which were constructed in the provinces between 1920 and 1930. In order to illustrate this point, we may briefly and arbitrarily mention a few noteworthy buildings: the Festival Hall at Salzburg by Clemens Holzmeister, the Varlets' Settlement of the Austrian-Alpine Mountain Association at Hüttenberg in Carinthia by Siegfried Theiss and Hans Jaksch (fig. 10), the Reichenau Settlement near Innsbruck by Lois Welzenbacher, the publishing house R. Kiesel in Salzburg by Wunibald Deininger, the district office of the Austrian National Bank in Bregenz by Rudolf Eisler and Ferdinand Glaser, the Kurhaus Semmering by Franz Krauss and Josef Tölk, the tool factory of Böhler Brothers in Kapfenberg by Alfred Schmid, and the Municipal Waterworks in Mödling by Hermann Tamussino.

In a short article about the architecture of the 1920s, in 1928 the architect and journalist Hartwig Fischl summarised the innovations in building after the First World War: "The end of the 19th century in Austria also was characterised by progressive industrialisation, and the growing demands of transport; new perspectives for city planning, increasing simplification of design, freeing from historical chains. It is certainly no coincidence that precisely in Vienna, where in the 19th century the most intensive and ostentatious attempts to resuscitate older feudal and bourgeois artistic achievements occurred, at the same time with the decline of this eclecticism the most vigorous emphasis on a new art for the times, the conscious affirmation of the new demands of today, and a contemporary formal means of expression arose." (Fischl, p. 9)

Rainald Franz

Österreichisches Kunstgewerbe und Design 1920–1930

„Der Krieg hat uns in die seit langem ersehnte Lage gebracht, von neuem beginnen zu können und wir suchen einen Weg (...) Wir haben vorher unbekannte Länder und Städte gesehen – wirklich gesehen! – und haben, bunt durcheinander gemischt, Völker und Stände, in Palästen, Baracken, Bauernhäusern, Erdhöhlen gewohnt. Heilige Begriffe von Kaiser, Reich, Leben, Eigentum sind zerstört worden: wir suchen einen festen Punkt. Es ist darum heute leichter als vorher, alte Vorurteile, fälschlich Traditionen genannt, loszuwerden, weil wir an ihren Voraussetzungen, die meist mystischer Art sind, wenn auch vielleicht nur vorübergehend, zumindest zweifeln können."

Mit diesen Worten charakterisiert Josef Frank 1931 den Zustand der Gesellschaft in seinem programmatischen Buch „Architektur als Symbol" (Frank 1931, S. 1–2). Frank ist als Architekt und Raumgestalter prononcierter Vordenker und selbst Teil einer jungen Generation von Lehrern, die sich nach dem Ende des Ersten Weltkriegs auf die Suche nach einem neuen Stil in der angewandten Kunst als Ausdruck der Zeit machten und an der Kunstgewerbeschule, der Akademie oder an der Technischen Universität in Wien unterrichteten.

Charakteristisch für die Entwicklung der angewandten Kunst in Österreich zwischen 1920 und 1930 ist eine Vielfalt an neuen und alten Gestaltungsformen, die aus den grundlegenden Veränderungen zu erklären ist, die die gesellschaftlichen und politischen Strukturen des Landes erfasst hatten. Durch die Zäsur des verlorenen Krieges war die alte Sozialordnung zerstört worden. Es begann eine Zeit des Suchens und Experimentierens, um neue Lebensentwürfe zu entwickeln, die in einen Stil fließen, der sich an die neuen Lebensbedingungen anpassen sollte.

fig. 11

Wien, das durch den Krieg zur Metropole im Kleinstaat geworden war, verfügte über ein enormes künstlerisches Potenzial und die dazugehörigen Ausbildungsstätten, die einst für die Versorgung der Auftraggeberschicht eines Großreiches bestimmt gewesen waren.

Das Erbe der ausgezeichneten Lehrer, die der kosmopolitischen Atmosphä-

Austrian Applied Arts and Design 1920–1930

"The war has finally brought us to the much longed for place, where we can begin anew, and we are seeking a way forward (....) We have seen – really seen! – countries and cities that were previously unknown, and we have lived, colourfully mixed up together, working class and upper class, in palaces, barracks, farmhouses, and trenches. Holy concepts of the Emperor, the empire, life, property have been destroyed: we are searching for a fixed point. It is therefore easier than before to let go of old prejudices, falsely called traditions, because we can at least doubt (if perhaps only temporarily) their assumptions, which are mostly of a mystical sort."

With these words Josef Frank characterised the state of sociey in 1931 in his programmatic book "Architektur als Symbol" (Architecture as Symbol) [Frank 1931, p. 1–2]. Frank, as an architect and decorator, was a pronounced pioneer and himself part of a young generation of teachers who, after the First World War, were searching for a new style in applied arts as an expression of the times, and who taught at the School of Applied Arts, the Academy, or the Technical University in Vienna.

Characteristic for the development of applied arts in Austria between 1920 and 1930 is a multiplicity of new and old design forms, which can be explained by the fundamental changes which had taken hold in the social and political structures of the country. With the caesura of the lost war, the old social order had been destroyed. A period of searching and experimentation was initiated, in order to develop new modes of living which could develop a style fitting for the new conditions of life.

Vienna, which due to the war had become a metropolis in a small country, had a great deal of artistic potential at its disposal. It also had the necessary educational establishments which had previously been destined for the benefit of the class of clients of a large empire. The legacy of the distinguished teachers, who had been committed to the cosmopolitan atmosphere of the former empire, was a powerful reservoir for the aesthetics of a land which had become politically insignificant. The teaching of the various architecture classes was characterised by a pluralism for which their leaders stood. These were very diverse personalities, who were different from each other in their architectural concepts, their training, and their age. The schools in the period after the First World War functioned in a "pragmatic co-existence" (Achleitner 1996, p. 55) as the basis for a broader diversification of the architectonic language of forms, which expressed itself

re des ehemaligen Kaiserreiches verpflichtet waren, war ein Kräftereservoir für die Ästhetik eines politisch unbedeutend gewordenen Landes. Der Unterricht in den verschiedenen Architekturklassen war von einem Pluralismus gekennzeichnet, für den deren Leiter standen.
Es waren völlig unterschiedliche Persönlichkeiten, die sich sowohl in ihrer Architekturauffassung, ihrer Ausbildung als auch in ihrem Alter unterschieden. In »pragmatischer Koexistenz« (Achleitner 1996, S. 55) fungierten die Schulen in der Periode nach dem Ersten Weltkrieg als Basis für eine weitere Auffächerung der architektonischen Formensprache, die sich in den Arbeiten ihrer Schüler ausdrückte. Aus der katastrophalen wirtschaftlichen Situation heraus wird auch verständlich, warum viele der besten Architekten sich in Folge des Mangels an Bauaufträgen auf die Wohnungs- und Innenraumgestaltung konzentrierten.
Josef Hoffmann, seit 1899 Professor für Architektur an der Wiener Kunstgewerbeschule, blieb auch nach 1920 dem von ihm und der Wiener Werkstätte propagierten „Garniturdenken" verpflichtet (fig. 11). Die ehemals fortschrittliche bürgerliche Käuferschicht, die Hoffmanns Aufstieg und den zumindest gestalterischen, wenn auch nie wirtschaftlichen, Erfolg der Wiener Werkstätte ermöglicht hatte, war nach dem Krieg verarmt oder zu Bürgern eines der Nachfolgestaaten der Donaumonarchie geworden. In dieser Situation waren es die Schüler und Schülerinnen Josef Hofmanns an der Kunstgewerbeschule, die in die Wiener Werkstätte eintraten. Sie trugen die Kraft, die Hoffmanns Schöpfungen der Wiener Einrichtungskultur gegeben hatten, weiter. Dagobert Peche, seit 1915 für den Gestaltungsanspruch der Wiener Werkstätte bestimmend, hatte bis zu seinem frühen Tod 1923 im Entwurfsdenken eine Wende zum Gefühlshaft-Expressiven eingeleitet, die das letzte Jahrzehnt der Produktion der Wiener Werkstätte bestimmen sollte (fig. 12, S. 50, 51, 64, 82, 106–108, 110, 116, 118, 119, 121). Dies wird an den Erzeugnissen deutlich, die von den ehemaligen Schülerinnen und Schülern der Kunstgewerbeschule in den Künstler- und Experimentalwerkstätten ausgeführt wurden, vor allem in der Keramik, der Textil- und der Modeabteilung. Die Schöpfungen der Kunstgewerbeschülerinnen, die in die Wiener Werkstätte eintraten, etwa Hilde Jesser und Maria Likarz, Vally Wieselthier (S. 106, 107, 115, 119) und Gudrun Baudisch (S. 108), etablieren einen neuen Stil, der sich sowohl internationalen Einflüssen öffnet als auch persönlichen Ausdruck vor das Gesamtkunstwerkdenken stellt (fig. 13).
Oskar Strnad und Josef Frank können gemeinsam als eigentliche Schöpfer des Wiener Inneneinrichtungsstils der zwanziger Jahre bezeichnet werden. Strnad stand von 1909 bis 1918 der Klasse für allgemeine Formenlehre und von 1914 bis 1935 der Klasse für Architektur der Wiener Kunstgewerbeschule vor. Josef Frank leitete von 1919–1925 die Klasse für Baukonstruktionslehre ebendort. Durch ihre Lehrtätigkeit

in the works of their students. Due to the catastrophic economic situation it is also understandable why many of the best architects, as a result of the lack of construction contracts, concentrated instead on the design of residences and interior design. Josef Hoffman, Professor of Architecture at the Vienna School of Applied Arts since 1899, also remained committed after 1920 to the "decorative set thinking" (fig. 11) propagated by himself and the Wiener Werkstätte. The previously advanced bourgeois class of customers, which had made possible Hoffmann's ascent and his creative success, if not his economic success, at the Wiener Werkstätte, was now impoverished after the war, or had become citizens of one of the successor states of the Danube monarchy. In this situation, the students of Josef Hoffmann at the School of Applied Arts now entered the Wiener Werkstätte. They carried further the energy that Hoffmann's creations had given to the Viennese culture of interior design. Dagobert Peche, decisive for the design aspirations of the Wiener Werkstätte since 1915, until his early death in 1923 had introduced a change in the design concept towards an emotive expressivity that would characterise the last decade of production of the Wiener Werkstätte (fig. 12, p. 50, 51, 64, 82, 106 – 108, 110, 116, 118, 119, 121). This is apparent in the products carried out by the former students of the School of Applied Arts in the artists' and experimental workshops, above all in the departments of ceramics, textiles and fashion design. The creations of the female students of the School of Applied Arts who entered the Wiener Werkstätte, for example Hilde Jesser, Maria Likarz, Wally Wieselthier (p. 106, 107, 115, 119) and Gudrun Baudisch (p. 108), established a new style which opened itself up to international influences as well as placed personal expression before the concept of the "total work of art" (fig. 13).
Oskar Strnad and Josef Frank can together be termed the actual creators of the Viennese style of interior design of the 1920s. From 1909 until 1918 Strnad presided over the class for the general study of forms, and 1914–1935, over the class for architecture at the Vienna School of Applied Arts. From 1919 until 1925, Josef Frank led the class for the study of

fig. 12

fig. 13

fig. 14

wuchs eine Generation junger Wiener Architekten wie Oswald Haerdtl (S. 64, 122, 123), Ernst Plischke (S. 39, 132), Julius Berger, Otto Niedermoser (S. 53), Felix Augenfeld (S. 130, 132, 149) oder Julius Jirasek heran. Strnad und Frank schufen eine unverkennbar wienerische Ausdrucksform des Innenraums, deren Wurzeln man im Biedermeierinterieur ebenso wie im englischen Einrichtungsstil finden kann. Im Kontrast zum Garniturdenken, das dem Bewohner eine Wohnsituation bis ins Detail durchgestaltet, konditioniert das „Wiener Möbel" Strnads und Franks einen Wohnraum ohne vordergründige Repräsentationsansprüche. Ein Raum, der durch Einrichtung und Dekoration mit seinen Bewohnern lebt, durch seinen Stimmungsgehalt den Stil und die Persönlichkeit seiner Benutzer atmet, entsteht auf diese Weise neu (S. 77–79). Zwischen dem Ideal des Einwohnens, das Loos propagiert („Ist doch ein zimmer wie eine violine. Die kann man einspielen, jenes einwohnen." [Loos, S. 56]) und dem Gesamtkunstwerkdenken, das bei Josef Hoffmann auch den Innenraum einschließt, vermitteln die Raumschöpfungen Franks und Strnads bei aller Sachlichkeit eine Atmosphäre der „beweglichen Ausgewogenheit" und tiefen Beseeltheit. Dem Bewohner wie dem Besucher erscheinen die Räume mit ihren Einrichtungsdetails als lebendig und natürlich gewachsen. Nicht umsonst entstehen Ensembles von Strnad und Frank vielfach für Intellektuelle, Künstler und Schriftsteller. Die Raumstruktur mit den großteils leicht zu verschiebenden Möbeln ergibt sich aus den Überlegungen Josef Franks: "Ein gut organisiertes Haus ist wie eine Stadt anzulegen mit Straßen und Wegen, die zwangsläufig zu Plätzen führen, welche vom Verkehr ausgeschaltet sind, so dass man auf ihnen ausruhen kann" und der Formsuche Oskar Strnads: „...um vollkommen, um künstlerisch zu werden, muss sie aus der Seele, dem durch Bewusstheit klar gewordenen und formungsfähigen Instinkt kommen." (Frank 1931, S. 316)
Zur Funktion des Einrichtungsgegenstandes innerhalb des Wohnraumes machen Frank und Strnad klare Aussagen. So bemerkt Strnad zu Besteck, Geschirr und Glas, das er auch, etwa für Lobmeyr, entwirft: „Das Geheimnisvolle des Glases ist seine scheinbare Körperlosigkeit, seine Eigenschaft, Raum zu täuschen. Teppiche sind das höchste Produkt traumhafter Erzählkunst persönlicher, empfindsamer Launen. Messer, Gabel, Löffel müssen in der ganzen Welt gleich sein. Geschirr muss undurchsichtig sein, für Tassen und Teller gibt es nur eine einzige Form, das ist die Schale." (Strnad, S. 120-121)

building construction at the same institution. Under their instruction a generation of young Viennese architects grew up, such as Oswald Haerdtl (p. 64, 122, 123), Ernst Plischke (p. 39, 132), Julius Berger, Otto Niedermoser (p. 53), Felix Augenfeld (p. 130, 132, 149), and Julius Jirasek. Strnad and Frank created a distinctive Viennese form of expression of interior design, whose roots can be found equally in Biedermeier interiors as in English decorative styles. In contrast to the decorative set concept, which worked out a living situation for the inhabitant down to the very last detail, the "Vienna Furniture" of Strnad and Frank conditioned the living space without ostensible claims to representation. In this manner, a space was created anew which lived with the inhabitants through its furnishings and decoration, and which breathed the style and personality of its users through the atmosphere of its content (p. 77–79). Between the ideal of inhabiting which Loos propagated ("A room is nevetheless like a violin. The one you can warm up, the other inhabit." [Loos, p. 56]), and the concept of the "total work of art" which also comprised the interior design of Josef Hoffmann, the spatial creations of Frank and Strnad, for all of their practicality, convey an atmosphere of "flexible equilibrium" and deep soulfulness. To the resident and to the visitor alike, the rooms with their details of interior decoration appear lively, and naturally arisen. Not for nothing were the ensembles of Strnad and Frank created frequently for intellectuals, artists and writers. The structure of the space, with its furniture which was in general easy to move, is a result of the ideas of Josef Frank: "A well-organised house should be organised like a city with roads and pathways that inevitably lead to spaces which are closed off to traffic, so that one can relax in them"; and from the concepts of Oskar Strnad: "...in order to become perfect, and artistic, they must originate from the soul, from which instinct, clear and capable of shaping form, derives through consciousness." (Frank 1931, p. 316)
Frank and Strnad made clear statements regarding the function of the objects of furnishing inside the living space. Thus Strnad observed, regarding the cutlery, tableware and glassware that he also designed for Lobmeyr for example, "The secret of glassware is its apparent lack of materiality, its property of being able to deceive space. Carpets are the highest product of a heavenly narrative of individual, sensitive moods. Knives, forks and spoons must be the same throughout the world. Tableware must be opaque, while for cups and plates there is only one form, and that is the bowl." (Strnad, p. 120–121) Josef Frank, moreover, commented on applied arts: "It is very easy to reform the world by means of applied arts. The work of art requires the individual, the invention, the idea. Applied arts does not need all that. It needs a system, based on taste and those types of skill that nearly all humans possess. It is just as difficult to drive in the chariot of Achilles as in that of Napoleon; but one can sit on their decorated chairs;

Und Josef Frank äußert sich über das Kunstgewerbe: „Es ist sehr leicht, die Welt vom Kunstgewerbe aus zu reformieren. Das Kunstwerk braucht die Persönlichkeit, die Erfindung, braucht die Idee. Das Kunstgewerbe braucht das alles nicht. Es braucht ein System, auf Geschmack und jene Art von Geschicklichkeit aufgebaut, die fast alle Menschen haben. Im Wagen des Achilles kann man ebenso wenig fahren wie in dem Napoleons; aber auf ihren dekorierten Sesseln kann man sitzen; Und wer denkt moderner: Wer diese Dinge annimmt wie sie sind, oder der ihren vergänglichen Teil dadurch erhält, dass er ihn modernisiert?" (Frank 1927/2008, S. 132–134)
Neben den institutionellen Architekturschulen bestand in Wien das so genannte „Seminar" von Adolf Loos, das er auch in „Meine Bauschule" beschrieben hat. Es war eine lose Vereinigung von Studenten, in der sich auch Absolventen anderer Architekturklassen wie Richard Neutra und Felix Augenfeld fanden. Sie trugen die Loos´schen Gedanken zur Raumbildung ebenso weiter, wie die 1921 in Zürich edierte Ausgabe seiner Schriften „Ins Leere gesprochen", die Loos zwischen 1897 und 1900 verfasst hatte. Englischer Geschmack und Wohnstil blieben auch nach dem Ersten Weltkrieg stilbildend. Loos arbeitete bis 1923 für das Wiener Siedlungsamt und entwickelte einfache Haus- und Wohntypen für die Gemeinde Wien (fig. 14). Die in seelischer und räumlicher Hinsicht angestrebte Harmonie des Innenraumes führte zu einer die Architektur des 20. Jahrhunderts bestimmenden Innenraumlösung – dem „Raumplan". Durch das Anlegen L-förmiger Räume oder durch das Vergrößern von Mauerdurchbrüchen, die mit Vorhängen oder Falttüren verschließbar waren, hatte Loos einen Weg beschritten, der bis zur Planung des Hauses als ein Raumganzes führen sollte. Loos integrierte die Stiege in den Wohnraum, verband die Zimmer auf verschiedenen Ebenen räumlich miteinander zum harmonisch verwachsenen, raumökonomischen Bauvolumen. Die beiden Häuser Rufer (1922, S. 66) und Moller (1928, S. 67) sind Wiener Beispiele des von Loos ausgeführten Raumplanes. Auch das von Josef Frank und Oskar Wlach erbaute Wohnhaus Beer in Hietzing (1931/32, S. 68, 69) und Ernst Plischkes Wohnung Böhm (1930, fig. 15) zeigen Lösungen, die sich an den von Loos propagierten Raumplan orientierten: „Alles wird Raum", wie es Max Eisler im Hinblick auf die Villa Beer charakterisiert. Die sich darin befindenden Einrichtungsgegenstände werden bewegliche Stimmungsträger.
Für eine Gruppe anderer Architekturstudenten wurde die kurze Lehrtätigkeit Heinrich Tessenows von 1913–1919 an der Wiener Kunstgewerbeschule prägend. Er brachte die Atmosphäre optimistischer Menschlichkeit und sozialen Engagements aus Hellerau bei Dresden in das vom großbürgerlichen Ästhetizismus geprägte Wien. Tessenow nahm Architektur in erster Linie als soziale Aufgabe wahr, bei der es darum ging, die Umgebung der Menschen entsprechend deren grundlegenden Bedürfnissen mit einfachen, eleganten Mitteln zu

and who thinks in a more modern way: the person who accepts these things as they are, or the one who preserves their transient part by modernising it?" (Frank 1927/2008, p. 132–134)
In addition to the institutional architecture schools, there also existed in Vienna the so-called "Seminar" of Adolf Loos, which he had also described in "Meine Bauschule". This was a loose union of students, in which were also found graduates of other architectural classes, such as Richard Neutra and Felix Augenfeld. They carried forward Loos' ideas concerning the structure of space just as the edition of his writings, "Ins Leere gesprochen" ("Spoken into emptiness"), composed between 1897 and 1900, and edited in Zurich in 1921, had done. English taste and living style remained stylistically influential also after the First World War. Loos worked until 1923 for the Vienna Housing Department, and developed simple types of houses and apartments for the Vienna municipality (fig. 14). The emotional and spatial harmony of the inner space that was striven for led to a solution to the interior space that would be decisive for the architecture of the 20th century – the "room plan." By means of laying out L-form rooms, or by enlarging spaces opened up in the walls, which could be closed off with curtains or folded screens, Loos had embarked on a path that would lead to the planning of the house as a spatial unity. Loos integrated the stairs into the living room, and connected the rooms on different levels spatially with each other, to create harmoniously coalescent, spatially economic structural volumes. The Rufer House (1922, p. 66) and the Moller House (1928, p. 67) are two Viennese examples of the spatial plan as carried out by Loos. Even the Villa Beer in Hietzing (1931/32, p. 68, 69) and the flat of V. K. Böhm (1930, fig. 15) by Ernst Plischke, were solutions that were oriented towards the spatial plan propagated by Loos: "Everything becomes space", as Max Eisler stated with regard to the Villa Beer. The articles of furniture and interior decor found within were movable bearers of mood.
The short period of teaching that Heinrich Tessenow carried out from 1913–1919 at the Vienna School of Applied Arts was influential for another group of architectural students. Tessenow brought the atmosphere of optimistic humanity and social engagement from Hellerau near Dresden

fig. 15

fig. 16

gestalten. Sein Schüler und Assistent Franz Schuster führte dieses Gedankengut als Chefarchitekt des österreichischen Verbandes für Siedlungs- und Kleingartenwesen (1923–1925) und als Professor für Baukonstruktionslehre an der Wiener Kunstgewerbeschule (1926/1927) weiter. Schuster formuliert seine Intentionen folgendermaßen: „Die Art des Lebens und Wirkens der Menschen bestimmt die Formen der Umwelt, von der Landschaft, der Stadt, dem Dorf, den Arbeitsstätten und Wohnungen bis zum Raum und Gerät. Das Wohlergehen, aber auch die Nöte des einzelnen wie der Gemeinschaften sind daher rückwirkend wesentlich von diesem abhängig. Das verpflichtet den Gestalter der Umwelt mit höchster, wertender Verantwortung den mannigfachen Anforderungen des Lebens gegenüber, diesen ohne einseitige Überschätzung von Material, Technik oder Form hilfreich und wegweisend gerecht zu werden“ (Sommer, S. 10).

Als vordringlichste Aufgabe der Innenarchitektur sah Franz Schuster, den Anforderungen der Zeit entsprechend, die Lösung der Einrichtungsprobleme in Kleinwohnungen und die Entwicklung von Typenmöbeln, die einfach und kostengünstig zu produzieren waren.

Schon in der im Österreichischen Museum 1920 gezeigten Ausstellung „Einfacher Hausrat“ hatte man neben Einrichtungsvorschlägen schlichter Art, etwa einem Schlafzimmer mit Wohnraum des Architekten Hugo Gorge (S. 53), der konsequent das System des leichten, beweglichen Wiener Einzelmöbels übernahm, auch neue Ideen des Baugewerbes zur Linderung der Wohnungsnot und Steigerung der allgemeinen Einrichtungskultur präsentiert (fig. 16). Das neue Wohnbauprogramm der Gemeinde Wien, ab 1923 30.000 Volkswohnungen in nur vier Jahren zu errichten, bemühte sich auch um eine neue Wohnkultur. Margarete Schütte-Lihotzky präsentierte etwa auf der 1923 auf dem Wiener Rathausplatz durchgeführten „Kleingarten-Siedlungs- und Wohnbauausstellung“ ihr Kernhaus Typ 7 mit einer Einrichtung, die von Einbaumöbeln bestimmt war, um den Grundriss für die Bewohner möglichst optimal auszunützen. Der Wiener Siedlerverband versuchte, mit dem Erwerb der Häuser auch eine adäquate praktische Einrichtung zu integrieren. Die „Gemeinwirtschaftliche Siedlungs- und Baustoffanstalt“, eine Art Warentreuhand, beriet die Käufer bei der Anschaffung von Möbeln und Hausrat. Um nur gute und brauchbare Einrichtungsgegenstände zu fördern, wurden bei ausgesuchten Handwerkern Rabatte gewährt. Auch für die Mieter der Volkswohnungen stellte die Beratungsstelle für Wohnungsreform „Best“ unter Leitung des Architekten Ernst Lichtblau Informationen über

to Vienna, which was characterised by upper-class aestheticism. Tessenow understood architecture above all as a social responsibility, the point of which should be to shape people's environment according to their basic needs, with simple, elegant means. His student and assistant Franz Schuster carried this basic idea further, as chief architect of the Austrian Association of Housing and Gardens (1923–1925), and as Professor of Structural Design at the Vienna School of Applied Arts (1926/27). Schuster formulated his intentions in the following manner: "The manner of living and functioning of humans determines the environment, from the landscape, the city, the village, the places of work and residences up to the room and appliances. The well-being, yet also the hardships of the individual as well as of the community are therefore retroactively essentially dependent on these. This obliges the designer of the environment with the highest, evaluative responsibility with regard to the manifold requirements of life, that these should be fulfilled helpfully and in a pioneering manner, without one-sided overestimation of material, technology, or form." (Sommer, p. 10) Franz Schuster regarded the solution of furnishing and installation problems in small apartments, and the development of furniture types which would be simple and inexpensive to produce, as the most urgent task of interior decoration, corresponding to the requirements of the period.

Already at the exhibition "Simple Household Contents", displayed in 1920 in the Austrian Museum, new ideas from the building industry were presented for the alleviation of the housing shortage and the enhancement of the general culture of interior design. These ideas were presented together with proposals for furnishings which were unpretentious, for example a bedroom with living room by the architect Hugo Gorge (p. 53), who had consistently taken over the system of the new, light, movable Viennese articles of furniture (fig. 16). The new housing programme of the municipality of Vienna, to construct 30,000 residential units in only four years after 1923, also endeavoured to create a new residential culture. Margarete Schütte-Lihotzky, for example, presented her core house Type 7 at the "Small Garden, Housing Estate and Apartment Building Exhibition" which took place at the plaza in front of the Viennese City Hall. This Type 7 house was determined by built-in furniture, which would allow the ground plan to be used in an optimal manner by the residents. With the acquisition of the houses, the Viennese Association of Residents also attempted to integrate an adequately practical furnishing installation. The "Public Sector Residential and Building Material Institute", a sort of commodities trust, advised the purchaser on the acquisition of furniture and household goods. In order to promote only good and useful articles of furnishing, rebates were granted at certain chosen artisans. The advice centre for housing reform "Best", under the leadership of the architect Ernst Lichtblau, also provided

gute Inneneinrichtung zur Verfügung. Der Sinn dieser Beratungsstellen lag darin, den Arbeiterstand davon zu überzeugen, nicht dem Bürger mit seiner großen Wohnung und den dazugehörigen repräsentativen Möbeln in dafür ungeeigneten, kleinen Räumen nacheifern zu wollen. Der eigenständige Charakter der Arbeiterwohnung sollte in den von den Architekten Franz Schuster, Friedrich Janeba und Fritz Schacherl eingerichteten Musterwohnungen demonstriert werden. Diese wurden tatsächlich bewohnt, um dem Arbeiterstand das Angebot eines eigenen, den Umständen angepassten, Einrichtungsstils auf natürlichem Wege näher zu bringen. Die größte Auswahl derartiger Musterwohnungen präsentierte die 1927 von der Gemeinde im Wiener Messepalast abgehaltene Ausstellung „Wien und die Wiener". Entwerfer wie Oswald Haerdtl, Josef Frank, Josef Hoffmann, Fritz Schacherl und Friedrich Schartelmüller zeigten hier ihre Raumschöpfungen. Den Initiativen war aber kein dauerhafter Erfolg beschieden. Die Orientierung an den bürgerlichen Wohnkonzepten in der Arbeiterschaft konnten auch die Siedlerbewegung und die Volkswohnungsinitiative in Wien nicht verhindern.

In starkem Kontrast zu diesen auf Mindestbedürfnisse abgestimmten Lösungen stand der Einrichtungsstil des modisch orientierten Großbürgertums der zwanziger Jahre in Österreich. Es war der Kundenkreis der Wiener Werkstätte. Die von ihm bevorzugte Innenraumgestaltung schloss an die repräsentativen Allgestaltungskonzepte im Garniturstil an, die die Wiener Werkstätte schon vor dem Ersten Weltkrieg entwickelt hatte. Änderungen zeichneten sich nur in den Dekorformen ab, die jetzt stärker an expressionistischen Konzepten orientiert erscheinen. Vorherrschend ist der phantasievolle, an Einflüssen des französischen Art Déco und an der österreichischen Barocktradition orientierte Einrichtungsstil Dagobert Peches bis zu dessen frühem Tod 1923. Sein spezifisch österreichischer Art Déco wird etwa bei Betrachtung der Räume der 1921 vollendeten Wohnung für Wolko Gartenberg (S. 50), einer gleichsam weltfremden Enklave großbürgerlicher Luxusentfaltung, spürbar. Josef Hoffmann hatte mit der Villa für Sonja Knips (S. 65) in Wien seine erste repräsentative Bauaufgabe nach dem Ersten Weltkrieg realisiert und schuf mit der Einrichtung 1924/25 noch einmal ein Musterbeispiel eines Gesamtkunstwerkes, das von einer rein ästhetischen Intention und perfekt durchgestalteten Oberflächen geprägt ist. Den neuen Richtlinien und Bedürfnissen einer menschlichen Behausung im modernen Sinne der zwanziger Jahre konnten diese Luxuseinrichtungen nicht mehr genügen. Das Möbel war jetzt nicht mehr allein auf eine vorteilhafte Silhouettenwirkung hin zu konzipieren, sondern hatte im Sinne Oskar Strnads eine seelische Ausstrahlung aufzuweisen. Es war vom ästhetischen Luxusobjekt zum Teil des Lebens des Menschen geworden. Die Ausstattungsvorschläge Eduard Wimmers und seines Schülers Friedrich Berzeviczy kamen luxuriösen Phantasiewelten gleich: Pariser Flair vermischt mit dem

information concerning good interior design for those who rented socialised housing as well. The meaning behind this advice centre lay in its attempt to convince the working classes not to want to emulate the bourgeois with their large houses and associated representative furniture, in small rooms which were completely unsuitable for such displays. The independent character of the workers' residences should be emphasised, and demonstrated in model residences by architects such as Franz Schuster, Friedrich Janeba, and Fritz Schacherl set up in social housing projects. These were actually inhabited, in order to bring the offer of an individual interior design style, appropriate to the means available, closer to the working classes. The largest choice of such model residences was presented at the exhibition "Vienna and the Viennese" in 1927, held by the municipality in the Vienna Exhibition Halls. Designers such as Oswald Haerdtl, Josef Frank, Josef Hoffmann, Fritz Schacherl and Friedrich Schartelmüller exhibited their spatial creations here. No long-term success, however, was granted to this initiative. The residential movement and the social housing initiative in Vienna was not able to hinder the orientation towards bourgeois living concepts in the working class.

In stark contrast to these solutions, which were attuned to the lowest level of requirements, was the furnishing style of the upper classes who were oriented towards modernity in the 1920s in Austria. These were the customers of the Wiener Werkstätte. The composition of interior space favoured by them was connected to the representative unified concept in suites of furniture, which the Wiener Werkstätte had already developed before the First World War. Alterations were only apparent in the forms of decoration, which now appeared to be more strongly oriented towards expressionistic concepts. Predominant in this regard was the decorative style of Dagobert Peche, until his early death in 1923. His style was full of fantasy, oriented towards influences from French Art Deco as well as from Austria's baroque tradition. His specifically Austrian Art Deco was, for example, recognisable in the treatment of the rooms of the residence completed in 1921 for Wolko Gartenberg

fig. 17

reichen Formenrepertoire der Wiener Werkstätte. Ihre Räume wurden dem Wiener Publikum etwa 1929/30 mit dem Raum „for two" (fig. 17) in der Ausstellung „Wiener Raumkünstler" im Österreichischen Museum präsentiert.

Das von Josef Frank und Oskar Wlach 1925 gegründete Einrichtungshaus „Haus und Garten" (S. 75 f.) stellte eine Alternative zu den Erzeugnissen der Wiener Werkstätte dar und verkaufte die für die neuen Wiener Räume benötigten leichten, beweglichen Möbel sowie Stoffe und Einrichtungsgegenstände. Diese wurden nach Entwürfen der beiden Architekten individuell von Handwerkern hergestellt. Die Architekten folgten darin also dem ursprünglichen Credo der Wiener Werkstätte. Man versuchte, den direkten Weg zum Kunden zu finden, auf diesem Wege einen der positiven Aspekte der heutigen Konsumgesellschaft vorwegnehmend: die Beeinflussung des Käufers über Qualität und Preis. Eher kurzlebig war das avantgardistische Geschäft des Architekten Otto Breuer, der Stahlrohrmöbel nach Entwürfen deutscher und französischer Architekten propagierte. In Österreich war dem Stahlrohrmöbel kein Erfolg beschieden. Ausgeführte Entwürfe kennt man nur von Fritz Singer, Ernst Lichtblau und Ernst Plischke (fig. 18). Josef Frank verurteilte den Stahlrohrsessel als Modeerscheinung: „Aber der neue Deutsche fühlt die moralische Verpflichtung, schlecht zu sitzen, und will nicht wissen, dass es auch anderes gibt. Der Gott, der Eisen wachsen ließ, der wollte keine Holzmöbel" (Frank 1931, S. 131).

fig. 18

Für die Möbelproduzenten im Wien der zwanziger Jahre stellte der Verlust des Exportmarktes in den ehemaligen Kronländern ein großes wirtschaftliches Problem dar. Erst um 1925 erholte sich der Markt für die Wiener Tischlerzunft wieder vom absoluten Tiefstand nach dem Wegbrechen der einstigen Auftraggeberschicht des Großreiches. Ein Exportmarkt für Kleinmöbel aus Österreich nach England und den Vereinigten Staaten konnte aufgebaut werden. Ausstellungen im Österreichischen Museum boten den österreichischen Großtischlern die Möglichkeit, ihre an den Geschmack einer breiteren Öffentlichkeit angepassten Produkte einer interessierten Käuferschicht vorzustellen. Denn die Wiener Tischler hatten um den Absatz ihrer teuren Qualitätsmöbel zu bangen, in der Hauptsache Stilmöbel. Der

(p. 50), an as it were unworldly enclave of upper class luxury development. Josef Hoffmann, with his villa for Sonja Knips (p. 65), had created his first representative building commission after the First World War. With its furnishing and decoration in 1924/25, he once again created a perfect example of a "total work of art", characterised by a purely aesthetic intention and perfectly executed surfaces.

These luxurious furnishings were no longer enough to satisfy the new principles and requirements for a humane dwelling in the modern sense in the 1920s. Furniture was no longer to be conceived simply as creating an advantageous silhouette, but instead had to exhibit an almost emotional presence, in the sense of Oskar Strnad's concept. From being an aesthetic luxury object, it had become a part of human life. The proposals for interior lay-outs of Eduard Wimmer and his student Friedrich Berzeviczy were a match for luxurious fantasy worlds: Parisian flair combined with the rich repertoire of forms of the Wiener Werkstätte. The rooms of these two designers were presented to the Viennese public, for example, in 1929/1930 with the room "for two" (fig. 17) in the exhibition "Viennese Spatial Artists" in the Austrian Museum. The interior design store "House and Garden" (p. 75 f.), founded by Josef Frank and Oskar Wlach in 1925, offered an alternative to the creations of the Wiener Werkstätte, and sold the light, movable furniture, as well as fabrics and other fittings, which the new Viennese rooms required. These objects were created individually by artisans according to the designs of both architects. Thus the architects thereby followed the original credo of the Wiener Werkstätte. One was trying to find a direct route to the customer, and in this manner anticipating one of the positive aspects of today's consumer society: the influence of the customer on quality and cost. The avant-garde shop of the architect Otto Breuer, who promoted tubular steel furniture based on designs by German and French architects, was rather short-lived. Tubular steel furniture, however, did not achieve great success in Austria. Designs which were actually carried out are known only from Fritz Singer, Ernst Lichtblau and Ernst Plischke (fig. 18). Josef Frank condemned the chair of tubular steel as a passing fad: "But the new German feels the moral obligation to sit uncomfortably, and does not want to know that other possibilities exist. The God who allowed iron to exist, wanted no furniture of wood," he wrote under the title "What is modern?" (Frank 1931, p. 131).The loss of the export markets in the former lands of the monarchy represented a massive economic problem for furniture production in Vienna in the 1920s. Only in 1925 did the market for the Viennese carpentry craft recover from a deep depression after the collapse of the former class of clients from the empire. It was possible to build up an export market for small-scale furniture from Austria, to England and the United States. Exhibitions in the Austrian Museum offered Austrian carpenters the possibility

neue Zeitgeist und billigere ausländische Erzeugnisse gefährdeten deren Vertrieb. Durch die öffentlichen Schaustellungen erhoffte man eine Ankurbelung des Absatzes im Inland. Die erste dieser Ausstellungen war die „Sonderausstellung vornehmer Wohnungskultur" (1921), der bis 1930 drei weitere folgen sollten: „Die neuzeitliche Wohnung" (1928), „Die neuzeitliche Mietwohnung" (1930) und die Sommerausstellung im Wiener Künstlerhaus (1930). In diesen Ausstellungen hatten die Architektenentwerfer nur beratende Funktion. Vorherrschend waren Wohnraumlösungen, in denen der modische Trend gegenüber neuartigen, gewagten Lösungen überwog.
Von den kommerziellen Ausstellungen hoben sich die von Künstlern organisierten ab, etwa die Wohnraum-Ausstellung 1923 im Österreichischen Museum für Kunst und Industrie, an der Ernst Lichtblau, Oswald Haerdtl, Dagobert Peche, Josef Hoffmann, Peter Behrens, Carl Witzmann und Josef Frank sich mit Einrichtungsvorschlägen beteiligten. Das gesamte Spektrum der Wiener Wohnkultur, vom Luxus der Wiener Werkstätte über den expressionistischen Duktus eines Peter Behrens bis zu den späten Schöpfungen Josef Hoffmanns und der neuen Offenheit im Stil von Frank und Haerdtl wurde präsentiert. Die Wiener Kunstschau 1927 suchte bewusst an den Ruhm ihrer berühmten Vorgänger 1908 und 1909 anzuknüpfen. Im Gegensatz zu der von Josef Hoffmann organisierten Präsentation eines verspielten Kunstgewerbes in der Art der Wiener Werkstätte, die den Österreichpavillon der „Exposition Universelle des Arts Décoratifs" in Paris 1925 geprägt hatte (S. 104, 105), herrschte nun der schmucklose, sachliche Ton vor. Mehrzweckräume dominierten, man passte sich angesichts der Raumnot den Bedürfnissen an. Die in der Kunstschau 1927 gezeigte Wohnküche Franz Schusters bot einen weiteren Lösungsversuch für die Möblierung von Volkswohnungen an.
Für die Wohnkultur Österreichs von geringerer Bedeutung war die Lehrtätigkeit Peter Behrens' an der Wiener Akademie 1922–1936 als Leiter der Meisterschule für Architektur. Sein expressiver Monumentalstil deutscher Prägung wurde – wie auch der Bauhausstil – in Österreich nie angenommen. Mit Ausnahme von Ernst Plischke, dessen klare, intellektuell durchgestaltete Innenräume trotz höchstem Funktionalismus eine ruhige Poesie ausstrahlen, fanden die Arbeiten seiner Schüler, etwa Caesar Poppovits und Alexander Popp, nur wenig Resonanz.
Plischke, der Sohn eines Architekten des k. k. Ministeriums für öffentliche Bauten, studierte 1921–1923 Architektur bei Oskar Strnad an der Wiener Kunstgewerbeschule, bevor er im Oktober 1923 zu Peter Behrens in die Meisterschule an der Akademie der bildenden Künste wechselte. Weder Strnad noch Behrens, also weder die an Theaterarchitektur orientierte Haltung noch die expressiv-monumentale Formensprache, konnten Plischke in seiner autonomen Hinwendung zur klaren, geordneten Form endgültig prägen. 1926

to introduce their products, which conformed to the tastes of a broad public, to an interested level of customers. Indeed, the Viennese carpenters were worried about sales of their expensive, high-quality furniture, mainly period furniture. The new spirit of the times, and cheaper products from abroad, posed a danger to their business. By means of public expositions, it was hoped to boost sales at home. The first of these exhibitions was the "Special Exhibition of Elegant Living Culture" (1921), which would be followed by three more until 1930: "The contemporary home" (1928), "The contemporary apartment" (1930) and the summer exhibition in the Vienna House of Artists (1930). In these exhibitions the architect designers only played an advisory role. Predominant were solutions to spatial problems, in which the fashionable trend of universality prevailed over innovative, more daring solutions.
Exhibitions organised by artists were distinct from the commercial exhibitions. An example of the former was the Living Space exhibition of 1923 in the Austrian Museum for Art and Industry, in which Ernst Lichtblau, Oswald Haerdtl, Dagobert Peche, Josef Hoffmann, Peter Behrens, Carl Witzmann, and Josef Frank participated with their proposals for interior design. The entire spectrum of Viennese living culture, from the luxury of the Wiener Werkstätte, over the expressionist style of a Peter Behrens, up to the late creations of Josef Hoffmann and the novel openness in the style of Frank and Haerdtl, were presented. The Vienna Art Show of 1927 consciously sought to build on the fame of its well-known precursors of 1908 and 1909. In contrast to the presentation organised by Josef Hoffmann of a playful applied art in the manner of the Wiener Werkstätte, which had characterised the Austrian pavilion of the "Exposition Universelle des Arts Décoratifs" (p. 104, 105) in Paris in 1925, now an undecorated, sober tone was preferred. Multi-functional rooms dominated, and one conformed to the requirements of the lack of space. The kitchen-cum-living room of Franz Schuster, presented in the Art Show of 1927, offered another attempt at a solution for furnishing popular housing.
The teaching activity of Peter Behrens at the Vienna Academy from 1922–1936, as director of the Master Class for Architecture, was of limited importance for Austrian living culture. His expressive, monumental style with German overtones was never accepted in Austria, nor was the Bauhaus style. With the exception of Ernst Plischke, whose clear, intellectually worked out interior designs radiated a calm poetry in spite of their high functionality, the works of his students – for example Caesar Poppovits and Alexander Popp – found less resonance.
Plischke, the son of an architect of the Royal Imperial Ministry of Public Buildings, studied architecture with Oskar Strnad from 1921–1923 at the Vienna School of Applied Arts, before he transferred in October 1923 to Peter Behrens in the

fig. 19

beendete Plischke mit der Staatsprüfung und dem Meisterschulpreis seine Ausbildung an der Wiener Akademie und begann seine Tätigkeit im Privatatelier seines Lehrers. 1927 wechselte er in das Atelier von Josef Frank, mit dem ihn das Streben nach einer schlichten, humanen Architektur verband. 1928 machte sich Plischke selbständig. Sein erster Auftrag war die Einrichtung der Wohnung der Keramikerin Lucie Rie in der Wollzeile, Wien I (fig. 19). Hier konnte er nun erstmals seine eigenen Ideen verwirklichen. »Franks Informalität erschien mir manchmal als Unordnung« schreibt Plischke über seinen Lehrer in »Ein Leben mit Architektur«, Wien 1983. Plischkes Einrichtung ist streng und zurückhaltend. Der junge Architekt arbeitete äußerst exakt. Er nahm an der Beinlänge des Auftraggebers Maß, um die richtigen Proportionen des Sofas zu erhalten und die exakte Höhe der Schränke berechnen zu können. Die gesamte Einrichtung ist in Nussbaumholz ausgeführt. Stoffe und Bezüge wurden von Plischkes Schwester Grete handgewebt. Das sind Grundprinzipien, die auch viele andere Innenraumgestaltungen Plischkes bestimmen. Plischke beschreibt die Wirkung der Einrichtung für Lucie Rie: „Der Raum selbst bleibt leer und neutral, ein Wohnraum, der nur kleine Tische, Stühle, offene Fächer und Nischen hat, ein Wohnraum ohne eindeutige Bestimmung. Will man schreiben, so wird der Sekretär an der Wand aufgeklappt, ist Besuch da, dann öffnet man die Likörnische und die Abstellfächer für Schalen und Zigaretten«. (Moderne Bauformen, 1932) Plischke überwachte 1938 den Abbau der Wohnung und die Überführung nach London, wohin Lucie Rie ins Exil ging. Ebenso betrieb er auch die Rückführung des Ensembles nach dem Tode der weltbekannten Kunstkeramikerin 1995 nach Österreich. Seit 1999 ist die restaurierte Wohnung Teil der Schausammlung des Hofmobiliendepots.

Als Innenarchitekt und Möbeldesigner arbeitete Ernst Plischke für einen Kundenkreis, der sich ab Mitte der zwanziger Jahre vor allem aus seinen Schulfreunden Max Frey, Walther Gamerith und deren Familien rekrutierte. Daneben gab es eine große Zahl an Ärzten und Psychotherapeuten, die Plischkes kompromisslos klare Innenarchitektur überzeugte. Schließlich waren es jüdische Künstler und Intellektuelle, zu denen der für die Wiener Kunstgeschichte bedeutende Ernst Kris zählt, die das notwendige Verständnis für Plischkes Definition des Möbels im Raum mitbrachten. Der Enkel eines Klosterneuburger

Master Class at the Academy of Fine Arts. Neither Strnad nor Behrens – that is, neither the position oriented to theatrical architecture nor the expressive-monumental language of form – could leave an imprint on Plischke in his autonomous movement towards clear, organised forms. In 1926, Plischke completed his training at the Vienna Academy with the state examination and the Master Class prize, and began his activity in the private studio of his teacher. In 1927 he transferred to the studio of Josef Frank, with whom he shared a yearning for an unpretentious, humane architecture. In 1928 Plischke branched out by himself. His first commission was for the interior design of the ceramicist Lucie Rie in the Wollzeile (fig. 19), in the first district of Vienna. Here he was able to implement his own ideas for the first time. "Frank's informality sometimes appeared to me to be disorder" he wrote about his teacher in "A Life with Architecture", Vienna 1983. Plischke's interior design is stark and restrained. The young architect worked in an extremely exact fashion. He measured the length of the leg of his client, in order to achieve the correct proportions of the sofa and the exact height of the cupboards. The entire furnishing is carried out in walnut wood. Fabrics and upholstery were hand-created by Plischke's sister Grete. These are fundamental principles which also determined many other interior designs by Plischke. Plischke described the effect of the furnishing for Lucie Rie: "The room itself remains empty and neutral, a living room which only contains small tables, chairs, open shelves and niches, a living room without distinct implications. If one wants to write, then one folds open the escritoire on the wall; if visitors come, then one opens the drinks niche and the shelf for the placement of bowls and cigarettes." (Moderne Bauformen, 1932) Plischke oversaw in 1938 the dismantlement of the apartment and its transfer to London, where Lucie Rie went into exile. He also carried out the return of the ensemble to Austria in 1995 after the death of the internationally renowned ceramic artist. Since 1999, the restored residence forms part of the display collection of the furniture depot in the Hof.

As an interior architect and furniture designer, Ernst Plischke worked for a circle of clients which was also recruited after the mid-1920s above all from his school colleagues Max Frey, Walther Gamerith and their families. In addition, there was a large number of doctors and psychotherapists who were convinced by Plischke's uncompromising, clear interior architecture. Ultimately it was Jewish artists and intellectuals – amongst whom can be counted Ernst Kris, important for Viennese art history – who brought the necessary understanding for Plischke's definition of furniture in the room. Plischke, the grandson of a master carpenter from Klosterneuburg, had been inspired at the beginning of his career as a furniture designer by English prototypes of the Arts and Crafts style (House of Max and Grete Frey, Klosterneuburg 1925) and by the native Biedermeier tradition. The second important

Tischlermeisters hatte sich am Beginn seiner Karriere als Möbeldesigner von englischen Vorbildern des Arts and Crafts-Style (Wohnung Max und Grete Frey, Klosterneuburg, 1925) und der heimischen Biedermeiertradition anregen lassen. Die zweite wichtige Quelle seiner Möbelkunst war der ostasiatische Einfluss (S. 132-135). Plischke, der bekennende Leser des Modebuches der zwanziger Jahre, Lao-Tses „Tao-te-King", scheint in dem Entwurf einer Blumenstellage für Fritz Gamerith (S. 132), wie auch bei anderen Möbeln, stark den Einflüssen seines ersten Lehrers an der Kunstgewerbeschule verpflichtet. Oskar Strnads eigene Schöpfungen weisen ebenfalls den Geist ostasiatischer Stimmung (Haus Hock, 1910, Haus Beer, 1930) auf. Plischke destillierte aus den Anregungen der Möbelkunst seiner Lehrer und den Formen des Biedermeiers sowie dem Denken Ostasiens und der Mystik eines Meister Eckhart seine Antwort auf die kunstgewerbliche Innenarchitektur. Seine Möbel waren aus der „tiefen Liebe für das Handwerk und die symbolische Form« (Plischke 1989, S. 97) geprägt. Sie erhielten zweifellos in den Schöpfungen für die Werkbundsiedlung ihre ultimativ schlichteste Form. Selbst in den Entwürfen, die aus der Zeit seines Exils in Neuseeland entstanden, setzte sich diese Formfindung fort.

Die in der Ausstellung „Wiener Raumkünstler" (1929/30 im Österreichischen Museum) gezeigten Arbeiten setzten den einmal eingeschlagenen Weg der Klärung und Versachlichung des Raumes fort. Franz Singer stellte neuartige Mehrzweckmöbel in Stahlrohr vor. Die Schleiflackmöbel Alfred Souleks lassen den heutigen Betrachter an moderne Kunststoffmöbel denken. Sein aus Ambrasit gefertigter durchsichtiger Tisch muss 1930 futuristisch gewirkt haben. Der Innenraum wurde nun nicht mehr vom raumbildenden Möbel bestimmt, sondern war „aus einer Angelegenheit der kunsthandwerklichen Einrichtung eine Sache der Baukunst geworden" (Moderne Bauformen 1930, S. 335).

Dadurch änderten sich auch konsequent die Möbelformen sowie die verwendeten Materialien: Behältnismöbel wurden zum Bestandteil der Wand; statt naturgewachsener Materialien verwendete man jetzt Metall, Lack, Leder, Rauch- und Spiegelglas. Der soziale Anspruch der Architekten des Wiener Wohnbaus und der individualistische Humanismus der Architekten und Lehrer aus der Kunstgewerbeschule scheinen in dieser Ausstellung zusammengefunden zu haben.

Die zwanziger Jahre in Österreich hatten im Antagonismus zwischen Kunsthandwerk und Industriefertigung, dem sozialem Anspruch der Raumorganisation und dem Bedürfnis nach individuellem Ausdruck des Lebensumfeldes, der Wiener Tradition und modernistischen Konzepten wiederum zu einer Etablierung einer individuell österreichischen Position innerhalb der Wohnungskultur der Moderne geführt. Projekte wie die Errichtung der „Wiener Werkbundsiedlung" sollten dieser individuellen, humanistisch geprägten Wohnkultur im kommenden Jahrzehnt sichtbaren Ausdruck verleihen.

source of his furniture designs was the east Asian influence (p. 132–135). Plischke, the professed reader of the fashionable book of the 1920s, Lao-Tse's Tao-te-King, seems to have been heavily influenced by his first teacher at the School of Applied Arts. These influences are apparent, for example, in the creations such as the design for a writing desk from the school of Strnad (1921) or the flower rack for Fritz Gamerith (p. 132), and in other pieces of furniture.

Oskar Strnad's own creations also reveal the spirit of east Asian atmosphere (Villa Hock, 1910; Villa Beer, 1930). Plischke distilled his answer to the applied art of interior architecture from the the impulses of the furnishing art of his teacher and the forms of Biedermeier, as well as from Asian thinking and the mystical approach of a Master Eckhart. His furniture was characterised by a "deep love for handicraft and for symbolic form" (Plischke, 1989, p. 97). His creations for the housing estates for the federation of workers ("Werkbundsiedlung") without doubt attained their ultimate, plainest form. Even in the designs which originated during his period of exile in New Zealand, this expression of form was continued.

The works which were on display in the exhibition "Viennese Spatial Artists" (1929/30 in the Austrian Museum) continued along the path of clarity and objectification of space which had already been begun. Franz Singer presented novel, multi-functional pieces of furniture of steel tubing. The honed, varnished furniture by Alfred Soulek make the modern viewer think of modern furniture in artificial fabrics. His transparent table of ambrasite must have appeared positively futuristic in 1930. The interior space was no longer determined by furniture which shaped the space, but instead "from a concern for handcrafted furnishings had become an item of the art of building" (Moderne Bauformen 1930, p. 335). For this reason, the furniture forms also consistently were altered, as well as the materials employed: repository furniture became part of the wall; instead of naturally occurring materials, now metal, lacquer, leather, and smoked- and reflective-glass were used. In this exhibition, the social aspirations of the Viennese house and the individualistic humanism of the architects and teachers from the School of Applied Arts seem to have found each other.

The 1920s in Austria had led to the establishment of an individually Austrian position within the framework of the living culture of modernity. This position was arrived at through an antagonism between handicraft and industrial manufacture, between the social aspirations of the organisation of space and the requirement for individual expression within the living environment, and between the Viennese traditions and concepts of modernism. Projects such as the formation of the Viennese housing estates for the federation of workers would lend visible expression to this individual, humanistically informed living culture in the coming decades.

Robert Keil

Bildende Kunst in Österreich 1920–1930

Erstaunliche Vielfalt und extreme Gegensätze prägen die österreichische Kunst um 1920. Impressionismus, Stimmungsmalerei, Secessionismus, Expressionismus, Farbexpressionismus ergeben ein breit gefächertes stilistisches Nebeneinander, das sich bereits in den ersten beiden Dekaden des Jahrhunderts entwickelt hat. Neu hinzu kommen nun die Abstraktion des Wiener Kinetismus und die österreichische Variante der Neuen Sachlichkeit, die in der 2. Hälfte der zwanziger Jahre von Deutschland aus die heimische Malerei befruchtet. Mehrere Generationen sind hier am Werk und erzeugen dieses pluralistische Spektrum.

Nach wie vor sammelten sich die Künstler mit unterschiedlichen stilistischen Schwerpunkten im Wiener Künstlerhaus (z.B. Marie Egner, Olga Wiesinger-Florian, Carl Fahringer, Anton Filkuka, J.Q. Adams, Erich Pick-Morino, Alexander Rothaug), in der Wiener Secession (z.B. Carl Moll, R.C. Andersen, Ferdinand Kitt) und im Hagenbund (z.B. Georg Ehrlich, Franz Lerch [fig. 20], Joseph Floch, Carry Hauser [fig. 21, S. 143], Oskar Laske, Carl Stemolak, Georg Merkel, Viktor Tischler [S. 112], Fritz Schwarz-Waldegg). Ab 1923 kam die Grazer Secession hinzu (z.B. Wilhelm Thöny, Alfred Wickenburg [S. 127], Fritz Silberbauer, Hanns Wagula, Kurt Weber, Ernst Paar) und der Nötscher Kreis (Anton Kolig [S. 102], Franz Wiegele [S. 103], Sebastian Isepp).

Der Expressionismus, die avantgardistische Kunstströmung des beginnenden 20. Jahrhunderts, wurde in erster Linie von Oskar Kokoschka, Herbert Boeckl und Max Oppenheimer weitergetragen. Jetzt wirkte er auch sukzessive in die Breite und ging so in eine österreichische Version des etwas gemäßigten Farbexpressionismus über. Die Varianten des Farbexpressionismus, auch expressiver Kolorismus genannt, wurden etwa von Hans Böhler, Arnold Clementschitsch, Josef Dobrowsky (S. 96), Willy Eisenschitz (S. 144), L.F. Graf, Richard Harlfinger, Georg Jung u.v.a. mit unterschiedlichen Spielarten aufgegriffen und weiterhin erprobt. Es war eine Malerei

fig. 20

Austrian Fine Arts 1920–1930

Remarkable diversity and extreme contrasts characterised Austrian art around 1920. Impressionism, atmospheric painting, Secessionism, Expressionism, and Colour Expressionism gave rise to a broadly diversified, stylistic juxtaposition which had already developed in the first two decades of the century. Now, the abstraction of the Viennese kinetic movement, and the Austrian variation of the New Objectivity, which began in Germany and which fertilized domestic painting in the second half of the 1920s, were added to the mix. A number of generations were at work here, and produced this pluralistic spectrum.

As before, the artists with diverse stylistic emphases gathered together in the Vienna Artists' House (e.g. Marie Egner, Olga Wiesinger-Florian, Carl Fahringer, Anton Filkuka, J.Q. Adams, Erich Pick-Morino, Alexander Rothaug and many more); in the Vienna Secession (e.g. Carl Moll, R.C. Andersen, Ferdinand Kitt and many more); and in the Hagenbund (e.g. Georg Ehrlich, Franz Lerch (fig. 20), Joseph Floch, Carry Hauser (fig. 21, S. 143), Oskar Laske, Carl Stemolak, Georg Merkel, Viktor Tischler [p. 112], Fritz Schwarz-Waldegg and others). After 1923, the Graz Secession was added (e.g. Wilhelm Thöny, Alfred Wickenburg [p. 127], Fritz Silberbauer, Hanns Wagula, Kurt Weber, Ernst Paar and others) and also the Nötscher Circle (Anton Kolig [p. 102], Franz Wiegele [p. 103], Sebastian Isepp).

Expressionism, the avant-garde artistic current of the early 20th century, was first and foremost carried further by Oskar Kokoschka, Herbert Boeckl and Max Oppenheimer. Now, Expressionism gradually had a broader effect and migrated into an Austrian version of a somewhat measured Colour Expressionism. The varieties of Colour Expressionism, also referred to as Expressive Colourism, were taken up in various forms by, for example, Hans Böhler, Arnold Clementschitsch, Josef Dobrowsky (p. 96), Willy Eisenschitz (p. 144), L.F. Graf, Richard Harlfinger (p. 99), Georg Jung and many others, and were further tested. This was a type of painting based on pure colour, in which dynamic strokes of colour dominated the image to a greater or lesser degree, without however losing the object as point of origin. Its multivalent traces can be recognised until after the first half of the 20th century.

One of these artists was Anton Peschka (fig. 22), fellow student and later brother-in-law of Egon Schiele. In 1923, Fritz Karpfen characterised him in the following manner: "One has the feeling that here is an artist who could accomplish something great (...) his pictures are incisive, break the forms of

der reinen Farbe, in der dynamische Farbstriche das Bildgeschehen mehr oder weniger dominieren, ohne jedoch den Gegenstand als Ausgangspunkt zu verlieren. Sie hinterließ ihre variationsreichen Spuren bis über die erste Hälfte des 20. Jahrhunderts hinaus.

Einer von diesen Künstlern war Anton Peschka (fig. 22), Studienkollege und späterer Schwager Egon Schieles. 1923 charakterisierte ihn Fritz Karpfen folgendermaßen: „Man fühlt, dass hier ein Künstler ist, der Großes vollbringen könnte (...) seine Bilder sind durchdringend, sprengen die Form des Hergebrachten und bauen glücklich eine neue Darstellung auf" (Fritz Karpfen, S 69). Großer Beliebtheit erfreuten sich schon in den zwanziger Jahren die Winterlandschaften und Wintersportbilder Alfons Waldes (S.91). 1924 fielen dann dem Dichter Robert Musil „Landschaften von Richard Harlfinger dadurch auf, dass sie von einem dominierenden Totaleindruck aus das Bild geben (…) so wie man sie in Wirklichkeit mit dem Schlag des Entzückens erlebt" (Krapf, 1981, o.S.). Harlfingers Werke überzeugten durch eine besondere Betonung der Kontur, die seinen Bildern oftmals eine sehr ausdrucksstarke Note gibt (fig. 23). Eine gewisse Strenge ist auch bei den Bildern von Albin Egger-Lienz zu beobachten. Sie fallen durch Farbreduktion und starke Plastizität auch inhaltlich aus dem üblichen Themenbereich heraus. Für ihn wurde der Erste Weltkrieg, den er zuerst als Standschütze, seit 1916 als Kriegsmaler begleitete, zum entscheidenden Erlebnis. Kriegsbilder und Motive aus dem bäuerlichen Milieu beschäftigten ihn bis zu seinem Tod im Jahre 1926. 1922 präsentierte Egger-Lienz Österreich alleine mit 33 Werken auf der Biennale in Venedig. 1924 folgten von Hammer und F. C. Kollet als Repräsentanten auf der Biennale. 1926 wurden Werke von R. Böttger, J. Epstein, L. F. Graf, A. Hänisch, E. Schiele und K. Sterrer für Österreich zusammengestellt. Die unterschiedliche Ausrichtung der Teilnehmer zeigte damit auch die herrschende Stilpluralität der österreichischen Kunst.

Das Werk Paul Cezannes, des Vaters der Moderne, blieb auch in den zwanziger Jahren Inspiration für viele österreichische Maler. Joseph Floch (fig. 24), Georg Merkel und F.A. Harta sind hier zu nennen. Landschaften und Stillleben waren vorherrschende Themen, Figurales blieb vereinzelt, Sozialkritisches selten.

Eine Ausnahme war sicherlich Oskar Laske, der große Erzähler der österreichischen Malerei. In seinem berühmten Monumentalgemälde „Narrenschiff" (fig. 25), das 1923 von der Österreichischen Staatsgalerie in Auftrag gegeben wurde, versammelte er zeitgenössische Literaten und Künstler auf einem Schiff. Hier findet man als eine der wenigen Malerinnen Helene Funke (fig. 26), die eine ganz eigene Linie eingeschlagen hatte. Sie gehörte zu den Frühexpressionisten und ihre Farbgewalt war von den Fauvisten Henri Matisse, Maurice Vlaminck und André Derain inspiriert. Sie lebte von ca. 1906 bis 1912 in Paris und stellte dann in den zwanziger

convention and favourably establish a new form of representation" (Fritz Karpfen, p. 69). In the 1920s, the winter landscapes and images of winter sports painted by Alfons Walde (p.91) enjoyed great popularity. In 1924, the landscapes of Richard Harlfinger struck the author Robert Musil because "they release the image from a dominating total impression (…) just as one experiences them in reality with a gasp of delight." (Almut Krapf, in: Die Presse, n.p.n.). Harlfinger's works were convincing due to the particular emphasis on contours, which often gave his pictures a very expressive tone (fig. 23). A certain rigour is also inherent in the pictures of Albin Egger-Lienz. They stand apart via their reduction of colour and their stark plasticity, as well as their rejection of the usual pictorial themes. For Egger-Lienz the First World War, in which he participated first as a rifleman and later as a war painter, was a decisive experience. Images of war and motifs from rustic life occupied him until his death in 1926. In 1922, Egger-Lienz alone represented Austria with 33 works at the Venice Biennale. In 1924, von Hammer and F.C. Kollet followed as representatives at the Biennale. In 1926, works by R. Böttger, J. Epstein, L. F. Graf, A. Hänisch, E. Schiele and K. Sterrer were displayed together to represent Austria. The differing orientation of the participants also revealed the stylistic plurality which dominated Austrian art.

fig. 21

The art of Paul Cezanne, the father of modernism, also remained inspirational into the 20th century for many Austrian painters. Joseph Floch (fig. 24), Georg Merkel and F.A. Harta can be mentioned in this regard. Landscapes and still lifes were prevailing themes, figural works remained infrequent, and works of social criticism were rare.

An exception was certainly Oskar Laske, the great storyteller of Austrian painting. In his famous monumental

fig. 22

fig. 23

Jahren ihre Werke regelmäßig in Wien aus. 1928 erhielt sie den Österreichischen Staatspreis. Arthur Roessler waren ihre Bilder „ein Greuel" (Arbeiterzeitung 1927), aber Ankwicz-Kleehoven fand ihre Gemälde hätten „wahre Feuerwerke abgebrannt" (Ankwicz-Kleehoven, S. 7). Sie starb völlig vereinsamt und verarmt in Wien. Auf ihr Oeuvre wurde man erst Ende der neunziger Jahre im Kunsthandel aufmerksam, sonst wären ihre Arbeiten noch immer in den Depots der Museen verwahrt. Werke von Helene Funke wurden z.B. von Ninon Dolbin, der späteren Frau Hermann Hesses, sehr geschätzt und auch gekauft.

Eine eingehende Beleuchtung der Kunstkäuferschicht und von Sammlern findet erst seit relativ kurzer Zeit statt. Natürlich sind vor allem größere Sammler besser dokumentiert wie z.B. Otto Reichel, der noch mit 43 Jahren Kunstgeschichte studierte und als Teilhaber in die 1920 gegründete Firma „Kunst und Wohnung R. Lorenz" eintrat. So weiß man auch, dass er z.B. 1922 das „Hamelstillleben" von Oskar Kokoschka an die Österreichische Galerie verkaufte. Dr. Rieger hingegen war Zahnarzt und nahm auch Bilder als Honorar. Er baute sich so eine Sammlung auf, die mehr als 500 Werke umfasste. Käthe Kollwitz, Josef Dobrowsky, Joseph Floch, Anton Kolig, Ferdinand Kitt, Albin Egger-Lienz, Karl Sterrer und Sergius Pauser sind nur einige Namen, die bei ihm vertreten waren. Fritz Karpfen schrieb über ihn:

„Hier sammelt ein Privater seit Jahrzehnten, sucht in emsiger Arbeit stets die typischen Werke richtungsweisender Künstler zu erwerben und hat so in seinen Arbeits- und Wohnräumen ein modernes Museum vereinigt" (Karpfen, Schweiger, S. 19). Während Künstler der expressiven Richtung oder auch des Farbexpressionismus in großen Sammlungen vertreten waren, liegt die Vorstellung nahe, dass vor allem Bilder der österreichischen Stimmungsimpressionisten und der Stimmungsmalerei wie etwa von Anton Filkuka, Karl Schade, A.D. Goltz, Thomas Leitner oder Wilhelm Legler Schmuck für mehrere Wohnungen gewesen sind.

Unter den vielen dargestellten Personen in Oskar Laskes „Narrenschiff" findet man neben Anton Hanak, Egon Schiele, Gustav Klimt, Adolf Loos und Stefan Zweig auch das Ehepaar Erika und Hans Tietze. Der Kunsthistoriker Hans Tietze war dem Expressionismus zugetan und gründete 1922/23 die Gesellschaft zur Förderung moderner Kunst. Es wurden

painting, "Ship of Fools" ("Narrenschiff", fig. 25), which was commissioned by the Austrian national gallery in 1923, he collected contemporary literary figures and artists on a ship. Here can be seen Helene Funke (fig. 26), one of the few female painters, who went off on a completely different track. She belonged to the early Expressionists, and the force of her colour was inspired by the Fauve painters Henri Matisse, Maurice Vlaminck and André Derain. From ca. 1906–1912 she lived in Paris, and then exhibited her works regularly in Vienna in the 1920s; in 1928 she was awarded the Austrian state prize. For Arthur Roessler, her pictures were "an atrocity" (Arbeiterzeitung 1927), but Ankwicz-Kleehoven found that her paintings were "displays of real fireworks" (Ankwicz-Kleehoven, Wiener Zeitung 1.1.1928, p. 7). Helene Funke died alone and impoverished in Vienna. Her oeuvre first came to the attention of the art trade at the end of the 1990s, otherwise her works would still be kept in the depots of museums. Works by Helene Funke were, for example, very much prized and also bought by Ninon Dolbin, the later wife of Hermann Hesse.

An extensive illumination of the stratum of art buyers and collectors has only recently first taken place. Naturally, larger-scale collectors are primarily better documented, as for example Otto Reichel, who even at the age of 43 studied art history, and as an associate entered the firm "Kunst und Wohnung R. Lorenz" which was founded in 1920. It is also known that in 1922 he sold the painting "Hamelstillleben" by Oskar Kokoschka to the Austrian National Gallery. Dr. Rieger, on the other hand, was a dentist and also accepted paintings in lieu of his fee. He thereby built up a collection which contained more than 500 works. Käthe Kollwitz, Josef Dobrowsky, Joseph Floch, Anton Kolig, Ferdinand Kitt, Albin Egger-Lienz, Karl Sterrer and Sergius Pauser are just a few of the artists who were represented in his collection. Fritz Karpfen wrote about him: "Here, a private individual has been collecting for decades, has diligently sought to acquire the typical works of trend-setting artists, and in this manner has created a modern museum in his working space and domestic environment." (Fritz Karpfen, p. 19). Although Expressionist artists or also Colour Expressionists were represented in the large collections, as previously mentioned, it is likely that above all paintings of the Austrian Atmospheric Impressionism and Atmospheric Painting style (for example by Anton Filkuka, Karl Schade, A.D. Goltz, Thomas Leitner, Wilhelm Legler and others) decorated many homes.

Amongst the many figures represented in Oskar Laske's "Ship of Fools", in addition to Anton Hanak, Egon Schiele, Gustav Klimt, Adolf Loos, and Stefan Zweig, can be found the husband and wife Erika and Hans Tietze. The art historian Hans Tietze was partial to Expressionism and in 1922/23 he founded the Society for the Promotion of Modern Art. Exhibitions and lectures were organised, for example an exhibition of

Ausstellungen und Vorträge organisiert, z.B. 1924 im Wiener Künstlerhaus eine Ausstellung über Emil Nolde, oder in der Wiener Secession die „Internationale Kunstausstellung" mit Werken von Wassily Kandinsky, Marc Chagall, Alexander Archipenko, El Lissitzky. Als Kreis der Interessenten ist wahrscheinlich nur ein Grüppchen Eingeschworener zu vermuten. Übersehen und fast der Vergessenheit anheimgefallen, wäre die Bewegung des Wiener Kinetismus. Es ist absolut kurios, dass das Sonderphänomen „abstrakte Kunst in Österreich" fast unentdeckt geblieben wäre, hätte nicht die Witwe des Dichters L.W. Rochowansky kunstinteressierte Personen im Jahre 1964 über die Existenz eines Nachlasses von Franz Cizek informiert. Der Pädagoge starb 1946 verarmt in Wien und hinterließ die Sammlung einer ganzen Schaffensepisode, die völlig unbekannt geblieben war. 1966 wurde der Nachlass zum ersten Mal der Öffentlichkeit zugänglich gemacht. Zusätzliche Informationen erhielt man von Otto Erich Wagner (Neffe von Architekt Otto Wagner), der Assistent bei Cizek gewesen war. 1975 konnte dann der Kunsthändler Michael Pabst endlich eine erste Ausstellung über den Wiener Kinetismus zusammenstellen. Erst in den letzten Jahren wurde dieser Kunstrichtung, die zu ihrer Zeit im Verborgenen blühte, durch Ausstellungen ihr gebührender Platz eingeräumt. Es wirft geradezu ein exemplarisches Bild auf den in Österreich vorherrschenden Geschmack, in dem die Abstraktion in der Malerei nie wirklich Fuß fassen konnte.

Eine Art geometrischer Purismus war zwar bereits ab der Jahrhundertwende in der österreichischen Kunst zu bemerken, aber vor allem in Verbindung mit Gebrauchsgegenständen. In den Arbeiten Kolo Mosers oder Josef Hoffmanns wird die Gestaltung immer wieder von geometrischen Formen bestimmt. z.B. Quadrate und Schachbrettmuster. Auch in Verbindung mit architektonischen Elementen ist diese geometrisierende Tendenz zu bemerken.

Zu Beginn der zwanziger Jahre kam nun zudem ein kühner Schwung konstruktivistischer Ideen nach Österreich. Lajos Kassák gab die ungarische Zeitschrift MA (Heute) im Wiener Exil heraus, gefolgt vom „Buch neuer Künstler" das 1922 von Kassák und Moholy-Nagy herausgegeben wurde. Darin war die konstruktivistische Avantgarde publiziert, die nun Anregung für die heimischen Künstler bot. Kassák etwa stellte seine Werke in der Galerie Würthle unter dem Titel „Bildarchitekturen" aus, die er folgendermaßen charakterisierte: die neue konstruktive Welt war nicht mehr „Abbild des Lebens, sondern dessen Wesen. Die Synthese einer neuen Ordnung" (Kassak, S. 8).

Im Jahr 1924 fanden zwei weitere Aufsehen erregende Ausstellungen in Wien statt, die internationale „Ausstellung neuer Theatertechnik" im Konzerthaus und die „Kinetismusausstellung" der Meisterklasse Franz Cizek. Bei der Ausstellung über die Theatertechnik war die gesamte europäische Theateravantgarde in Wien vertreten. Friedrich Kiesler, Architekt,

Emil Nolde in 1924 in the Wiener Künstlerhaus, or in the Vienna Secession the "International Art Exhibition" with works by Wassily Kandinsky, Marc Chagall, Alexander Archipenko, and El Lissitzky. We can assume that probably only a small group of committed followers constituted the circle of interested people.

fig. 24

The movement of Vienna Kineticism might have been almost overlooked and completely fallen into oblivion. It is really remarkable that the special phenomenon of "abstract art in Austria" would have remained almost undiscovered, were it not for the fact that the widow of the poet L.W. Rochowansky in 1964 had informed those who were interested in art about the existence of a legacy of Franz Cizek. This educator had died penniless in Vienna in 1946, and left behind a collection of an entire creative period which was completely unknown. In 1966 this bequest was made available to the public for the first time. Additional background information was provided by Otto Erich Wagner (nephew of the architect Otto Wagner), who was an assistant of Cizek. Finally in 1975, the art dealer Michael Pabst was able to organise the first exhibition of Vienna Kineticism. This artistic direction, which flourished in its own time in obscurity, has only recently found its due place by means of exhibitions. This situation literally poses quintessential questions regarding the prevailing taste in Austria, within which abstraction in painting was never really able to gain a foothold.

A type of geometric Purism was already recognisable in Austrian art after the turn of the century, however above all in connection with articles of daily use. In works by Kolo Moser or Josef Hoffmann, the object was repeatedly defined by geometric forms, for example squares and chequerboard designs. This tendency towards geometrization can also be observed in connection with architectonic elements.

At the beginning of the 1920s, furthermore, a bolder momentum of constructivist ideas came to Austria. Lajos Kassák published the Hungarian journal MA (Today) in exile in Vienna, followed by the "Book of New Artists" published by Kassák and Moholy-Nagy in 1922. In these organs the constructivist avant-garde was publicised, which now provided stimulus for native artists. Kassák for example exhibited his works in the Gallery Würthle under the title "Bildarchitekturen"

fig. 25

Künstler, Designer und Bühnenbildner, der 1908–1913 an der Akademie und an der Technischen Hochschule in Wien studiert hatte, organisierte dieses Ereignis. Seine Raumbühne stand im Mittleren Konzerthausaal und wurde drei Wochen lang bespielt.

„Es war als würde Utopia Realität werden" (Friederick Kiesler, Architekt 1890–1965, o.p.), schrieb Kiesler rückblickend über die Aufbruchsstimmung der Zeit, die in den zwanziger Jahren im Zuge des Wiener Kinetismus in der Klasse von Prof. Franz Cizek ihren Ausgangspunkt hatte. Auch hier finden sich vor allem geometrisierende, abstrahierte Formen, die als Basis für die Darstellung von Bewegung und Gefühlen dienten. L.W. Rochowanksy, Künstler und Sprachrohr des Wiener Kinetismus formulierte das 1925 so: „Der Kinetismus (...) gibt den rhythmischen Ablauf der Bewegung. Er gibt die Bewegung eines Objektes, die Bewegung durch Objekte hindurch oder an Objekten vorbei, er gibt die Bewegung eines bewegten Objektes an gleichzeitig bewegten Objekten vorbei. Durch die verschiedenen Abläufe, verschiedener Bewegungseindrücke bauen sich neue starke Bildwerke auf, die den gewaltigen Atem unseres Lebens fühlen lassen" (Rochowansky, 1925, S. 5).

Neben dem Thema der Bewegung war die Darstellung von Gefühls-, Sinnes- oder Seelenbildern ein weiterer Ausgangspunkt für großartige abstrakte Schöpfungen die u.a. von Silvia Penther, Oskar Donau, Gertrude Neuwirth, Gertrude Fischl, Fritzi Nechansky, Irmgard Lang, Hans von Cornaro, Paul Kirnig, E.G. Klien, My Ullmann, Elisabeth Karlinsky, um nur einige zu nennen, mit den Möglichkeiten geometrischer Formen Ausdruck verliehen wurde. Rechteck-, Dreieck- und Kreisformen, lineare Bestimmungen, figurale Vereinfachungen sind zueinander gesetzt und bestimmen ein neues Formengewebe in Fläche und Raum. Es entstand eine Fülle neuer Formerfindungen.

E.G. Klien (S. 129, 147) war jene Künstlerin, deren Werke am meisten vom Einfluss des Konstruktivismus geprägt wurden. Sie ist heute die bekannteste Vertreterin dieser Kunstrichtung. Gelegenheit, konstruktivistische Bilder in Wien zu sehen, hatte sie 1923 bei einer Ausstellung mit Werken von Bela Uitz im Museum für angewandte Kunst, die sie nachweislich beeinflussten: „Salzburg, 10. September 1923 – Lieber Herr

("picture architectures"), which he characterised in the following manner: the new constructive world was no longer "a portrayal of life, but of its essence. The synthesis of a new order." (Kassak, in "Book of New Artists", p. 8).

In 1924, two additional exhibitions created a sensation in Vienna, the international "Exhibition of New Theatre Technique" in the Concert House, and the "Kinetismus Exhibition" by the master class of Franz Cizek. For the exhibition about theatre technique, the entire European avant-garde of the theatre was represented in Vienna. Friedrich Kiesler, architect, artist, designer and set decorator, who had studied from 1908–1913 at the Academy and at the Technical College in Vienna, organised this event. His stages stood in the central hall of the Concert House, and were played upon for three weeks.

"It was as if Utopia became reality" (Friedrich Kiesler, Architect 1890–1965, n.p.) wrote Kiesler, reflecting back on the spirit of optimism of the time, which had its point of departure in the 1920s in the course of Vienna Kineticism in the class of Prof. Franz Cizek. Also in this regard geometric, abstract forms dominated, which served as the basis for the representation of movement and feelings. L.W. Rochowansky, artist and voice of Vienna Kineticism, in 1925 formulated the movement in the following way: "Kineticism (...) provides the rhythmic sequence of movement. It gives the movement of an object, movement through objects or past objects, it gives the movement of a moved object past objects moved at the same time. Via the various sequences and various impressions of movement, new, vigorous image objects are established, which allow the feeling of the overwhelming breath of our life." (L.W. Rochowansky, in "The marionette theatre of E.G. Klien," n.p.).

In addition to the theme of movement, the representation of images relating to feelings, senses and the soul was an additional starting point for splendid abstract creations, which with the possibilities of geometric forms found expression in works by Silvia Penther, Oskar Donau, Gertrude Neuwirth, Gertrude Fischl, Fritzi Nechansky, Irmgard Lang, Hans von Cornaro, Paul Kirnig, E. G. Klien, My Ullmann, Elisabeth Karlinsky, to name but a few. Rectangular, triangular and circular forms were brought together with linear and simplified figural forms, and defined a new fabric of forms in area and space. An abundance of new formal inventions arose.

E.G. Klien (p. 129, 147) was the artist whose works were most marked by the influence of Constructivism and who became most well-known. She had the opportunity to see Constructivist paintings in Vienna in 1923, at an exhibition with works by Bela Uitz in the Museum for Applied Art, which evidently influenced her: "Salzburg, 10 September 1923 – Dear Mr. Rochowansky – two years ago I studied Salzburg cubistically – then kinetically – now Constructivism has come along and I must carve out the entire city anew for myself

Rochowansky – Vor zwei Jahren habe ich Salzburg kubistisch – dann kinetisch studiert – jetzt kommt der Construktivismus dazu und ich muss mir die ganze Stadt neu erkämpfen, jedes Haus – jede Kirche – die ich liebe- das Meer von Rauchfängen in der alten Stadt – so habe ich schon viele Stadien durchgemacht und viele Arten des Aufbaues der Dinge kennengelernt und mein Reichtum wird immer unendlicher und meine Liebe tiefer – ich grüße Sie herzlichst Erika Giovanna Klien" (Platzer/Storch, S. 77). Ab 1926 unterrichtete Klien an der Elisabeth Duncan Schule in Klessheim, 1929 übersiedelte sie nach New York.
Der Wiener Kinetismus kann als ein Sonderphänomen in der österreichischen Kunst bezeichnet werden. Er hatte jedoch keinerlei Breitenwirkung. So wie auch der Kubismus nur auf geringes Echo stieß. Immerhin sind einige kubistische Tendenzen in den Werken Alfred Wickenburgs, Maximilian Reinitz', Georg Pevertz', L.F. Grafs und Carry Hausers zu bemerken.
Der Kinetismus war eindeutig eine von Frauen dominierte Bewegung. In diesem Zusammenhang ist es vielleicht interessant zu erwähnen, dass Frauen erst ab 1920 zum Studium an der Wiener Akademie zugelassen wurden. Lilly Steiner, Franziska Zach (S. 141), Frieda Salvendy waren Frauen, die ihre Wege zumeist schon zuvor über Paris in Richtung Kunst eingeschlagen hatten. Bis in die zwanziger Jahre wurden sie nur vereinzelt als Malerinnen wahrgenommen. Marie Louise von Motesiczky malte auch in dieser Periode. In Wien geboren, verbrachte sie die Wintermonate 1926 in Paris. Sie war in stilistischer Hinsicht von ihrem Lehrer Max Beckmann beeinflusst. 1926–1938 lebte sie in Wien und stand mit ihrem Werk ziemlich isoliert da. Sie war aber Dank ihrer finanziellen Situation nicht gezwungen von der Malerei zu leben. Ihre einzige Präsentation im Hagenbund endete mit einer vernichtenden Kritik. 1938 flüchtete sie nach Holland und lebte in der Folge in England.
Nicht nur für Frauen war es in den zwanziger Jahren schwer, sich mit Kunst am Leben zu erhalten. 1925 versuchten J.D. Bach und A. Markowitz mit der Ausstellung „Kunst ins Volk" neue Wege zu gehen: „Sie ist ein Versuch, die namenlose Not zu bekämpfen, die die wirtschaftliche Krise über die Künstler gebracht hat; der alte in Wien ohnedies immer sehr kleine Kreis von Kunstkäufern ist zusammengeschmolzen, die Nachfrage hat völlig aufgehört, die Produktion geht weiter, und führt zur Katastrophe wenn es nicht gelingt, neue Abnehmer heranzubringen" (Adolph/Krapf/Schmidt, S. 210). Kunstwerke wurden zu billigen Preisen und gegen Ratenzahlungen an Beamte, Kleinbürger, Arbeiter und Handwerker mit Erfolg verkauft.
Ab Mitte der zwanziger Jahre begann die künstlerische Strömung der Neuen Sachlichkeit aus Deutschland in die österreichische Kunst einzuwirken. Bereits 1924 fand in der Galerie Würthle eine Ausstellung mit Werken von George Grosz und Otto Dix statt. Christian Schad lebte 1926/27 in Wien und

– every house – every church – that I love – the sea of chimney smoke in the old city – thus I have already passed through many stadia and learned many ways of building up the object and my abundance increases ever more and my love becomes deeper – with heartfelt greetings Erika Giovanna Klien." ("Kinetismus, Wien entdeckt die Avantgarde" p.77). After 1926, Klien taught at the Elisabeth Duncan School in Klessheim, and in 1926 she moved to New York.

fig. 26

Vienna Kineticism can be described as a special phenomenon in Austrian art. It did not have, however, a broad impact, just as Cubism only found a faint echo. Nevertheless, a few cubistic tendencies can be observed in the works of Alfred Wickenburg, Maximilian Reinitz, Georg Pevertz, L. F. Graf and Carry Hauser. Kineticism was without doubt a movement dominated by women. In this connection, it is perhaps interesting to note that women were first admitted to study at the Vienna Academy only after 1920. Lilly Steiner, Franziska Zach (p. 141), and Frieda Salvendy were women who had first set out on their artistic path by way of Paris. Until the 1920s, they were only infrequently appreciated as female painters. Marie Louise von Motesiczky also painted at this time. Born in Vienna, she spent the winter months of 1926 in Paris. She was influenced stylistically by her teacher Max Beckmann. From 1926–1938, she lived in Vienna where she and her works were rather isolated. Thanks to her financial situation she was not constrained to make a living from her painting. Her only presentation in the Hagenbund ended with devastating criticism. In 1938 she fled to Holland, and ultimately lived in England.
In the 1920s it was not only difficult for women to make a living from art. In 1925, J.D. Bach and A. Markowitz attempted to tread a new path with the exhibition "Art into the People": "It is an attempt to combat the nameless hardship that the economic crisis has created for artists; the old circle of art dealers, which in Vienna even without these circumstances was always extremely small, has melted down, demand has utterly ceased, yet production continues, and will lead to catastrophe if it is not possible to identify new customers." ("Kunst in Österreich 1918–1938", Almut Krapf-Weiler, p. 210). Works of art were successfully sold at cheap prices, and with payment in instalments, to civil servants, the petit bourgeois, workers and craftsmen.

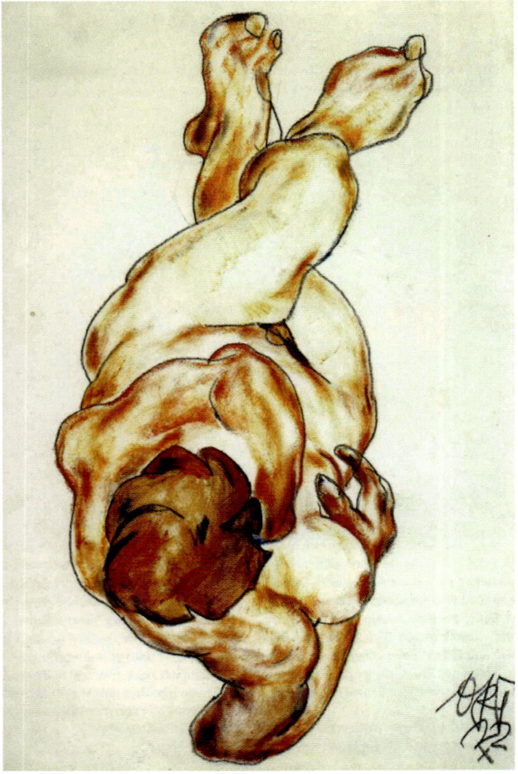

fig. 27

hatte 1927 ebenfalls eine Personale in der Galerie Würthle.
Im krassen Gegensatz zu den abstrakten Rhythmen des Wiener Kinetismus verharren die Figuren der Neuen Sachlichkeit in einer ruhigen Erstarrung, sind im luftleeren Raum fixiert, präzise und kalt. Zumeist befinden sie sich im Alltag in der Vorstadt und im ärmlichen Ambiente der Hinterhöfe. Carry Hauser hatte als Beinamen „österreichischer George Grosz" und gehörte schon in den zwanziger Jahren zu den bekanntesten österreichischen Künstlern. Er wurde zu einem der bedeutendsten Vertreter der Neuen Sachlichkeit. O.R. Schatz (fig. 27) war einer der wenigen Künstler, der sozialkritische Themen anriss. Generell wurde die Neue Sachlichkeit nur von wenigen Künstlern aufgegriffen und man tendierte eher zum magischen Zweig dieser Kunstauffassung. Hier ist allen voran Franz Sedlacek (fig. 28) hervorzuheben, der an den alten Meistern geschult, einen bizarr skurrilen Stil in seinen Werken aufwies. Gustav Meyrink und Alfred Kubin waren geistige Verwandte, die er auch persönlich gut kannte.
Herbert von Reyl-Hansich (S. 85) übersetzte die Landschaft in die Neue Sachlichkeit, er war von Sedlacek beeinflusst und lebte in Tirol wie auch Ernst Nepo, Fritz Silberbauer und Rudolf Wacker (S. 146), der einer der bekanntesten dieser Bewegung wurde. Wacker studierte bei Egger-Lienz und las 1926 Franz Rohs Buch zur Sachlichkeit: „Nachexpressionismus Magischer Realismus – Probleme der neuesten europäischen Malerei". Er fühlte sich sofort dieser künstlerischen Strömung zugehörig: „Ein Buch indem ich meine Gedanken der letzten Jahre wiederfand und durch das ich Bestärkung erfahre." 1926 schrieb er weiter in sein Tagebuch: „Wir wollen die Dinge entschleiern, ihre nackte Realität ist geheimnisvoll genug (…) eine strenge, feste Malerei machen, die nicht zum Träumen reizt und der Phantasie keine Lücke lässt" (R. Wacker, Tagebucheintragung, 15. Februar 1926). Auch Karl Hauk, Aloys Wach, Fritz Howanietz sind hier zu erwähnen.
Im Wesentlichen wurden gegen Ende der zwanziger Jahre generell die tiefenpsychologischen, expressiven Unter-

After the mid-1920s, the artistic current of the New Objectivity from Germany began to have an impact on Austrian art. In 1924, an exhibition with works by Georg Grosz and Otto Dix took place in the Galerie Würthle. Christian Schad lived in Vienna from 1926/1927, and also had a solo exhibition in the Galerie Würthle. In blatant contrast to the abstract rhythms of Vienna Kineticism, the figures of New Objectivity are poised in a calm torpor, fixed in airless space, precise and cold. In general, they are located in daily life in the suburbs and in the humble atmosphere of the backstreets. Carry Hauser was nicknamed the "Austrian George Grosz" and already counted amongst the most well-known Austrian artists in the 1920s. He became one of the most important representatives of New Objectivity. O.R. Schatz (fig. 27) was one of the few artists who traced socially critical themes. In the main, however, New Objectivity was only taken up by a few artists, with the tendency rather going towards the magical branch of this artistic style. In this regard, Franz Sedlacek (fig. 28) must be emphasised above all, who, while schooled in the old masters, exhibited a bizarre, quirky style in his own works. Gustav Meyrink and Alfred Kubin were spiritually related, and Sedlacek also knew them well personally.
Herbert von Reyl-Hansich (p. 85) transformed landscape painting into New Objectivity; he was influenced by Sedlacek and lived in Tyrol as did Ernst Nepo, Fritz Silberbauer and Rudolf Wacker (p. 146), who was one of the most well-known of this movement. Wacker studied with Egger-Lienz, and in 1926 read Franz Roh's book on Objectivity "Nachexpressionismus Magischer Realismus – Probleme der neuesten europäischen Malerei" (Post-Expressionism Magic Realism – Problems of the Most Recent European Painting). He instantly felt as if he belonged to this current: "A book in which I found again my thoughts of previous years, and through which I gained reinforcement." In 1926 he wrote further in his diary: "We want to unveil things, their naked reality is mysterious enough (…) we want to create a rigorous, solid painting, that does not tempt one to dream and does not allow any space for fantasy." (R. Wacker, diary entry, 15th February 1926). Karl Hauk, Aloys Wach and Fritz Howanietz are also to be mentioned in this connection.
Essentially, towards the end of the 1920s the deep psychological explorations in painting were generally abandoned in favour of an increasing solidification of forms in the direction of realism, occasionally with a poetic, idyllic tone. A number of painters adopted partial aspects of New Objectivity in their works. Even Broncia Koller-Pinell, who originated from the Secession and later Klimt group, can be mentioned as an example. In addition, she was regarded as a supporter of Egon Schiele; not counting her Vienna residence, she lived on an estate in Oberwaltersdorf which had been converted by Josef Hoffmann and which was full of objects designed by the Wiener Werkstätte. She was friendly with the artist

suchungen in der Malerei vernachlässigt, zugunsten einer zunehmenden Verfestigung der Formen in Richtung Realismen, manchmal mit poetisch, idyllischer Note. Mehrere Künstler nahmen dabei Teilaspekte der Neuen Sachlichkeit in ihrem Werk auf. Auch z.B. Broncia Koller-Pinell, die ursprünglich aus der Secession und späteren Klimtgruppe stammte, ist zu nennen. Sie galt zudem als Förderin von Egon Schiele und lebte, abgesehen von ihrer Wiener Wohnung, in einem Gutshof in Oberwaltersdorf, der von Josef Hofffman umgebaut wurde und voller Kleinode der Wiener Werkstätte war. Künstlerisch befreundet war sie mit Heinrich Schröder, der 1905 bis 1913 in Wien lebte, aber in den zwanziger Jahren vorwiegend in München arbeitete oder auf Reisen unterwegs war. Er konzentrierte sich in seinem Oeuvre auf architektonische Motive (S. 142) und stand lange mit der Familie Koller in Verbindung, da diese ihn auch finanziell unterstützte. Koller-Pinell war Künstlerin und Mäzenin gleichsam. Ihre Tochter Silvia erhielt Malunterricht bei Egon Schiele und danach bei Carl Hofer, bei dem sie 1921 in Berlin an den Vereinigten Staatsschulen für freie und angewandte Kunst studierte. Hofer war auch häufig Gast in Oberwaltersdorf. Der Einfluss der Neuen Sachlichkeit war vor allem im Werk Koller-Pinells spürbar, die weitaus bekannter als ihre Tochter wurde.

In Österreich fand die erste Ausstellung der Neuen Sachlichkeit unter dem Titel „Neuromantik und Neue Sachlichkeit" 1929 im Oberösterreichischen Landesmuseum mit Werken von Herbert Ploberger, Franz Sedlacek und Paul Ikrath statt.

Künstler, die sich ausschließlich der Neuen Sachlichkeit widmeten, lassen sich an zwei Händen abzählen. Im Rampenlicht der Öffentlichkeit standen sie jedoch ebenso wenig wie die Künstler des Wiener Kinetismus.

Die Ankaufspolitik der Österreichischen Galerie hat sowohl die Künstler des Wiener Kinetismus als auch der Neuen Sachlichkeit übersehen. Weder wurden Werke von Franz Sedlacek, Sergius Pauser, Reyl-Hanisch oder Herbert Ploberger, noch von E.G. Klien oder Elisabeth Karlinsky angekauft und damit diese Künstler unterstützt.

Aber auch die traditionelle Seite der österreichischen Kunst war mit der damaligen Ankaufspolitik unzufrieden. 1929 beschwerte sich Jehudo Epstein anlässlich der Eröffnung der Modernen Galerie im Belvedere beim Unterrichtsminister. Er schrieb missmutig: „Nichts von den wunderschönen Zeichnungen Hammers, den prächtigen Interieurs und Blumenstücken von Hänisch und vielen anderen. Dafür talentlose Arbeiten von Franzosen, Belgiern, Norwegern, Finnen. (…) Wozu brauchen wir die beiden miserablen Bilder des Norwegers Munch? Wozu den scheußlichen Gschnas des Russen Archipenko?"

Er sprach damit sicherlich der Mehrzahl der an bildender Kunst Interessierten, die im Verhältnis zur österreichischen Bevölkerung zwar nur eine verschwindend kleine Minderheit darstellte, aus der Seele.

fig. 28

Heinrich Schröder, who lived in Vienna from 1905 until 1913, but who in the 1920s primarily worked in Munich or was travelling. In his oeuvre he concentrated on architectonic motifs (S. 142); he remained in contact with the Koller family for a long time, as they also supported him financially. Koller-Pinell was an artist and a patron at the same time. Her daughter Silvia received instruction in painting from Egon Schiele and afterwards from Carl Hofer, with whom she studied in 1921 in Berlin at the Associated State Schools of Liberal and Applied Arts. Hofer was also a frequent guest at Oberwaltersdorf. The influence of New Objectivity was tangible above all in the work of Koller-Pinell, who was far more well-known than her daughter.

In Austria, the first exhibition of New Objectivity took place in 1929 in the Upper Austrian State Museum, with the title "New Romanticism and New Objectivity"; works by Herbert Ploberger, Franz Sedlacek and Paul Ikrath were displayed.

Artists who devoted themselves entirely to New Objectivity can be counted on one hand. They were as little in the public limelight as the artists of Vienna Kineticism.

The purchasing strategies of Austrian galleries had overlooked the artists of Vienna Kineticism as well as of New Objectivity. Neither were works by Franz Sedlacek, Sergius Pauser, Reyl-Hanisch or Herbert Ploberger purchased, nor works by E.G. Klien or Elisabeth Karlinsky, purchases which might have supported these artists.

Yet the traditional side of Austrian art was nevertheless unsatisfied with the buying policies of galleries at the time. In 1929 Jehudo Epstein complained to the Minister of Education on the occasion of the opening of the Modern Galleries at the Belvedere. He wrote disgruntedly, "Nothing of the wonderful drawings by Hammer, the glorious interiors and floral still lifes by Hänisch and others; instead, talentless works by French, Belgian, Norwegian and Finnish artists (…) Why do we need the miserable paintings of the Norwegian Munch? Why the hideous carnival of the Russian Archipenko?"

Without doubt, he gave voice to the opinions of the majority of those interested in visual arts, only an extremely small minority in proportion to the Austrian population as a whole.

**öffentliche Bauten der 20er Jahre –
klare Gliederung der Baukörper durch starke
Betonung der Horizontalen und Vertikalen;
streng geometrische Baukörper versus
dynamisch-monumentale Formen**

public buildings in the 20s –
clearly arranged structures through
a strong emphasis on the horizontal
and the vertical;
geometric structures versus
dynamic-monumental forms

Herbert Kastinger, Hermann Stiegholzer, Arbeitsamt für das Baugewerbe, Wien XVI, Herbststraße 6–10, Ludo-Hartmann Platz 13, 1925/1916 (1973 abgerissen)
_employment centre for the building industry, Vienna XVI, Herbststraße 6-10, Ludo-Hartmann Platz 13, 1925/1926 (demolished in 1973)

Fritz Judtmann, Egon Riss, Krankenkassenambulatorium für die Kaufmannschaft, Wien III, Strohgasse 28, 1926–1928
_health fund ambulatory for merchants, Vienna III, Strohgasse 28, 1926–1928

Josef Hofbauer, Wilhelm Baumgarten, Umbau der Kaufhäuser „Herzmansky", 1930
_modification of the department stores "Herzmansky", 1930

Ernst A. Plischke
modernste Bautechniken – Aufhebung der Monumentalität durch Auflösung der Fassade in eine große Glasfläche, die Botschaft: Transparenz

_latest building techniques – breaking up monumentality through the resolution of the facade in a large, vitreous plane, the message: transparency

Ernst A. Plischke, Arbeitsamt Liesing, Wien XXIII, Dr. Neumann-Gasse 7, 1930/1931
_employment centre Liesing, Vienna XXIII, Dr. Neumann-Gasse 7, 1930/1931

das ehemalige, achteckige Planetarium am Praterstern
von Robert Örley für die Ausstellung „Wien und die Wiener“ 1927

the former, octagonal planetarium at the Prasterstern
designed by Robert Örley for the exhibition “Vienna and the Viennese” 1927

Robert Örley, Planetarium, Wien II, Praterstern, 1927 (1945 zerstört)
_planetarium, Vienna II, Praterstern, 1927 (destroyed in 1945)

der soziale Wohnbau:
Expressivität und Monumentalität
„Superblocks“ versus romantisch angelegte Wohnhausanlagen mit Anklängen an den „Heimatschutz“

social housing:
expressionism and monumentality
“superblocks” versus romantically sited residential houses stylistically related to the “Heimatschutz”

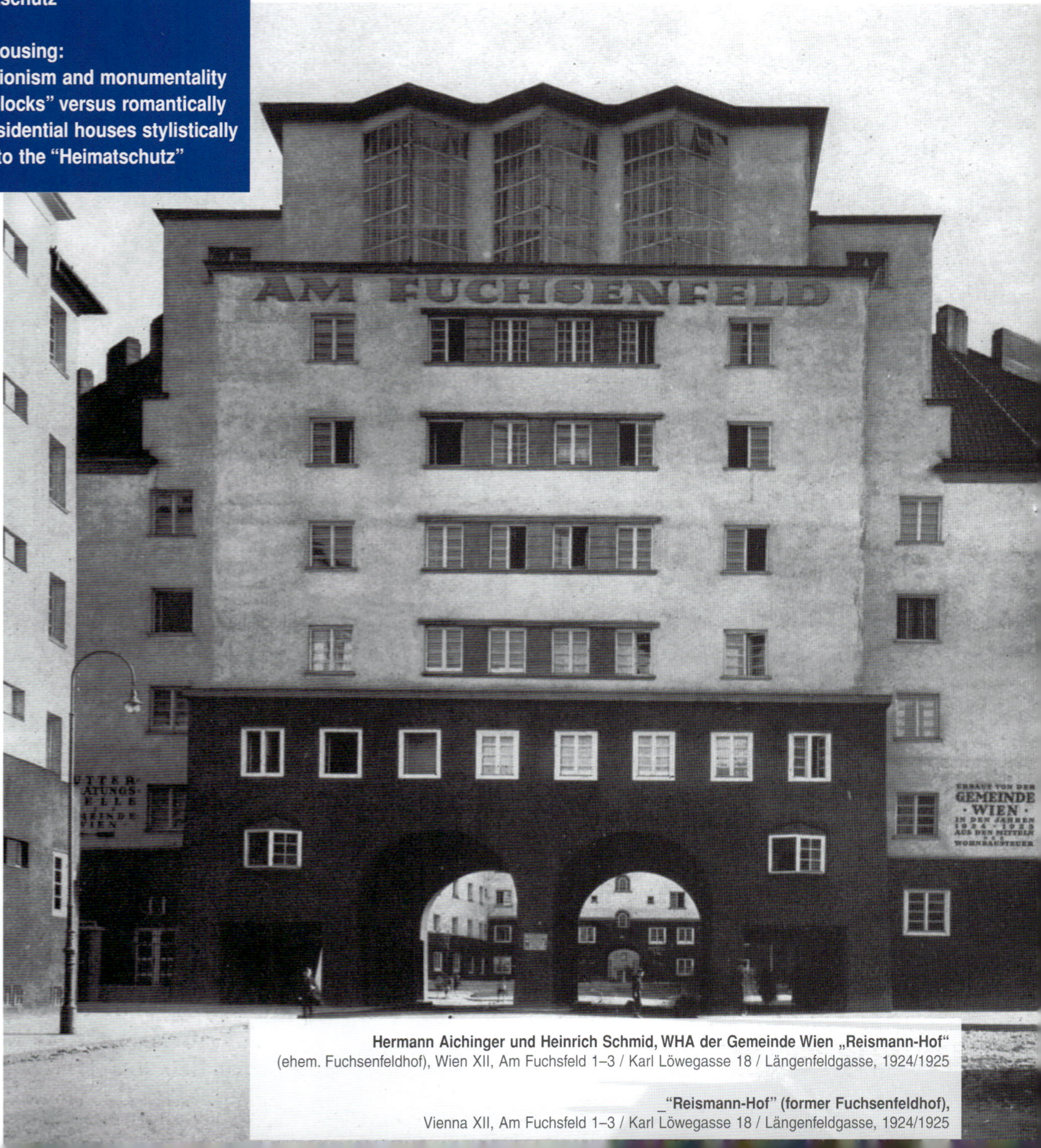

Hermann Aichinger und Heinrich Schmid, WHA der Gemeinde Wien „Reismann-Hof“
(ehem. Fuchsenfeldhof), Wien XII, Am Fuchsfeld 1–3 / Karl Löwegasse 18 / Längenfeldgasse, 1924/1925

_“Reismann-Hof” (former Fuchsenfeldhof),
Vienna XII, Am Fuchsfeld 1–3 / Karl Löwegasse 18 / Längenfeldgasse, 1924/1925

der soziale Wohnbau als wesentliche Bauaufgabe im Wien der 1920er Jahre als einzige Architektinnen daran beteiligt: Ella Briggs und Margarethe Schütte-Lihotzky

social housing as Vienna's
essential construction task in the 1920s
the only female architects involved:
Ella Briggs and Margarethe Schütte-Lihotzky

Ella Briggs, Wohnhausanlage der Gemeinde Wien „Pestalozzihof", Wien XIX,
Philippovichgasse 2-4 / Lißbauergasse / Billrothstraße, 1925/1926

"Pestalozzihof", Vienna XIX,
Philippovichgasse 2-4 / Lißbauergasse / Billrothstraße, 1925/1925

Heinrich Schmid, Hermann Aichinger, „Matteotti-Hof“, Wien V, Fendigasse 33–36/Siebenbrunnenfeldgasse 26-30, 1925–1927
_“Matteotti-Hof“, Vienna V, Fendigasse 33–36/Siebenbrunnenfeldgasse 26-30, 1925–1927

Karl Dirnhuber, WHA der Gemeinde Wien, Wien XVIII, Weimarer Straße 1, 1924/1925
_housing complex of the municipality of Vienna, Vienna XVIII, Weimarer Straße 1 , 1924/1925

organisch-dynamisch
geschwungene Formen versus
kompakte, geometrisch geschlossene Baukörper

organic-dynamically
curved shapes versus
compact and geometrically
closed structures

Erich Leischner, „Franz-Pfannenstiel-Hof", Wien XVIII,
Kreuzgasse 87–89/Händelgasse 12/Antonigasse 102–104, 1924–1926

_"Franz-Pfannenstiel-Hof", Vienna XVIII,
Kreuzgasse 87–89/Händelgasse 1/Antonigasse 102–104, 1924–1926

„Ein Kilometer Art Déco“
Karl Ehns „Karl-Marx-Hof“ – Wahrzeichen des sozialen Wohnbaus im Wien der 20er Jahre

“a kilometre of Art Déco”
Karl Ehn’s “Karl-Marx-Hof”
the landmark of Vienna´s social housing programme in the 1920s

Karl Ehn, Wohnhausanlage der Gemeinde Wien „Karl-Marx-Hof“, Wien XIX , Heiligenstädterstraße 82-92, 1926-1933
_social housing of the municipality of Vienna „Karl-Marx Hof“, Vienna XIX, Heiligenstädterstraße 82-92, 1926-1933

Bauplastik und Dekoration am sozialen Wohnbau

architectural sculpture and decoration on social housing

Ferdinand Opitz, Klinkerbauplastik „Die Mütter" am Eingang zum „Quarinhof", Wien X, Quarinplatz 10–12
_architectural brick sculpture "mothers" at the entrance to "Quarinhof", Vienna X, Quarinplatz 10–12

Josef Riedl, Bauplastik am Kindergarten des „Lindenhofes", Wien XVIII, Paulinengasse 9, 1924/1925
_architectural sculpture on the nursery building of the „Lindenhof", Vienna XVIII, Paulinengasse 9, 1924/1925

das „Mittelstandswohnhaus“ – in traditioneller Geschossgliederung zwischen sozialem Wohnbau und bürgerlichen Wohnkonzepten

the “middle-class residential building” following a traditional floor arrangement in between social housing and bourgeois living-concepts

Otto R. Polak-Hellwig, „Mittelstandswohnhaus“ der Gemeinde Wien, 1924/1925, Wien XVII, Hernalser Hauptstraße 54, Bergsteiggasse 28
_“middle class residential building”, 1924/1925, Vienna XVII, Hernalser Hauptstraße 54, Bergsteiggasse 28

Bemühungen um Rationalisierung der Hauswirtschaft Polak-Hellwigs „Wirtschaftsnische“ als Vorläufer der Frankfurter Küche (M. Schütte-Lihotzky)

aiming to rationalize domestic economy
Polak-Hellwigs "Wirtschaftsnische" ("home economics niche")
as precursor of the Frankfurt Kitchen (M. Schütte-Lihotzky)

Otto R. Polak-Hellwig, Küche und „Wirtschaftsraum“ in einem Wohnhaus für die „Mittelklasse“, 1924/1925
_kitchen in a residential building for the middle-class, 1924/1925

Dagobert Peche –
kostspielige, großbürgerliche Wohnkonzepte
Österreichischer Art Déco, Neobarock, expressionistische Tendenzen

expensive, bourgeois living concepts –
Austrian Art Déco, neo-baroque, expressionistic tendencies

Dagobert Peche (u.a.), Wohnung Wolko Gartenberg, Wien I, Reichsratsstraße 17, 1921
_D. Peche (a. o), flat of Wolko Gartenberg, Vienna I, Reichsratsstraße 17, 1921

Dagobert Peche, Stoffentwurf „Regenbogen“, um 1919
_fabric “Regenbogen” (“rainbow”), ca. 1919

Dagobert Peche, Kommode, Ausführung Wiener Werkstätte, um 1920
_cupboard, manufactured by Wiener Werkstätte, ca. 1920

Otto Prutscher, Sitzbank, 1922, Hartholz, Samttapezierung, H 83,5 cm, L 162,5 cm, T 69 cm
_bench, 1922, hardwood, velvet upholstery, h 83,5 cm, l 162,5 cm, d 69 cm

Stehlampe, Hartholz weiß gefasst und vergoldet, um 1920, 175 cm
_lamp, hardwood, white paint, gold-plated, ca. 1920, 175 cm

1920 im Museum für Kunst und Industrie
„Einfacher Hausrat“

1920 exhibited in the Museum of Art and Industry
"Einfacher Hausrat" ("simple household goods")

Hugo Gorge, Wohnzimmer und „Kanadier“, Ausstellung „Einfacher Hausrat“ im Musuem für Kunst und Industrie, 1920, Ausführung R. Lorenz
_living room and "Kanadier", exhibition "simple household goods" in the Museum for Art and Industry, 1920, manufactured by R. Lorenz

effizientes Wohnen
auf minimalem Grundriss

efficient living on a
minimal floor-plan

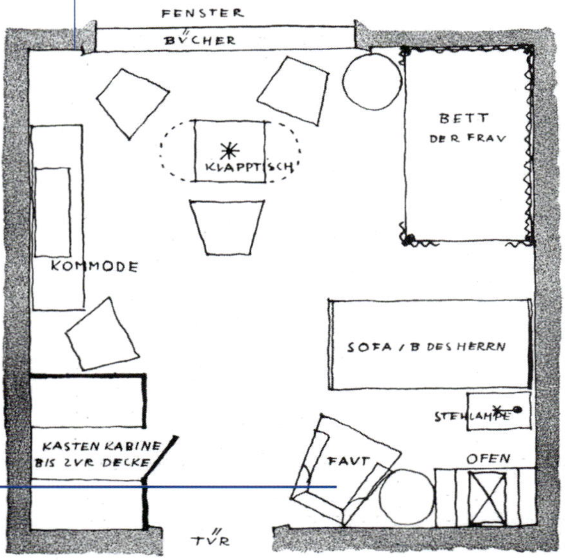

Otto Niedermoser, Einzimmerwohnung mit Grundriss, um 1926
_studio apartment with floor plan, ca. 1926

der Siedlungsbau am Stadtrand
Alternative zu innerstädtischen Wohnblocks
Hebung des Lebensstandards der Arbeiterschichte

colonies in the outskirts alternative to inner-city apartment blocks, raising the blue-collar worker's living standard

Franz Kaym und Alfons Hetmanek, Wohnsiedlung „Am Flötzersteig", Wien XIV, Flötzersteig 87–141, 1921–1931
_housing development "Am Flötzersteig", Vienna XIV, Flötzersteig 87–141, 1921–1931

Josef Frank und Erich Faber, Siedlung „ Hoffingergasse", Wien XII, Hoffingergasse / Oswaldgasse / Schneiderhangasse / Sonnergasse / Elsniggasse, 1921–1925
_housing development "Hoffingergasse", Vienna XII, Hoffingergasse / Oswaldgasse / Schneiderhangasse / Sonnergasse / Elsniggasse, 1921–1925

Franz Kaym und Alfons Hetmanek, Wohnsiedlung „Am Flötzersteig", Wien XIV, Flötzersteig 87–141, 1921–1931
_housing development "Am Flötzersteig", Vienna XIV, Flötzersteig 37–141, 1921–1931

Wohnen auf geringem Raum mit
beweglichem Mobiliar
beliebtes Möbelstück: der „Kanadier“
mit verstellbarer Rückenlehne

living on a small floor-plan with
movable furniture
the “Kanadier” (“Canadian”) with
adjustable backrest becomes popular

Hugo Gorge, Fauteuil, um 1926
_armchair, ca. 1926

Otto Breuer, Albert Linschütz, Wohnraum in einem Siedlungshaus, um 1926
_living room in a housing development, ca. 1926

Josef Frank, Wohnküche in einem Siedlungshaus, um 1921
_kitchen and living room in a housing development, ca. 1921

L. Schöppler, Entwurf für ein Wohnzimmer, um 1926
_draft for a living room, ca. 1926

Josef Frank

**Wegbereiter der Siedlungsbewegung der 20er Jahre,
die Siedlung als Ideal einer neuen Lebensform und
gesteigerter Lebensqualität, Orientierung am Englischen Cottage Stil**

pioneer of the 20s colony-movement
the colony as ideal of a new way of life
with increased quality, relations to the English cottage style

Josef Frank, Schlafzimmer in einem Siedlungshaus, 1921
_bedroom in a housing development, 1921

die **Villen** des Großbürgertums in den Randbezirken Wiens

bourgeois **villas** in Vienna's outskirts

Walter Sobotka, Wohnhaus Granichstaedten, Lannerstraße 27, Wien XIX, 1925
_residential building Granichstaedten, Lannerstraße 27, Vienna XIX, 1925

Walter Sobotka, Wohnhaus Granichstaedten, Wohndiele und Halle, 1925
_residential building Granichstaedten, lounge and hall, 1925

Josef Hoffmann
das Landhaus als Erholungsort des Großbürgertums

the country house as
a recreational place for the burgeoisie

Josef Hoffmann, Landhaus Ast, Auen/Kärnten, Golfstraße 21, 1923–1926
_cottage Ast, Auen/Carinthia, Golfstraße 21, 1923–1926

„Garniturstil" in der Tradition des Jugendstils

"Garniturstil" ("uniform set style") in the tradition of Jugendstil

Josef Hoffmann, Landhaus Ast, Speisezimmer und Herrenschlafzimmer, 1923–1926
_cottage Ast, dining room and man's bedroom, 1923–1926

Oswald Haerdtl, Moccaservice, Entwurf 1925/1930, Ausführung J. C. Klinkosch, Silber, gehämmert und getrieben, Elfenbein, H 19,3–6,3 cm
_mocha set, draft 1925/1930, manufactured by J. C. Klinkosch, silver, chased and hammered, ivory, h 19.3–6.3 cm

Josef Hoffmann, Teekanne, Ausführung Wiener Werkstätte, 1918–1925, das gesamte Teeservice wurde bei der Pariser Ausstellung Arts Decoratifs et Industriels Modernes 1925 im österreichischen Pavillon gezeigt, Silber getrieben, Elfenbeingriff
_teapot, manufactured by Wiener Werkstätte, 1918–1925, the whole set was shown at the Parisian exhibition Arts Decoratifs et Industriels Modernes in 1925 at the Austrian pavillion, chased silver, ivory handles

Josef Hoffmann, Landhaus Ast, Anrichteraum, 1923–1926
_cottage Ast, preparation room, 1923–1926

Josef Hoffmann
Stadtvilla Sonja Knips
Orientierung am Wiener **Biedermeier**

city mansion for Sonja Knips
orientating towards the Vienna Biedermeier

Josef Hoffmann,
Haus Sonja Knips, Wien XIX,
Nußwaldgasse 22, 1923/1924
_villa of Sonja Knips, Vienna XIX,
Nußwaldgasse 22, 1923/1924

Adolf Loos
konsequente Entwicklung eines modernen Wohnkonzepts – „Raumplan" (S. 11) innerhalb kubischer Baukörper

consequently developing a modern living-concept – "Raumplan" ("space plan", p. 11) within cubic structures

Adolf Loos, Haus Rufer, Wien XIII, Schließmanngasse 11, 1922
_house Rufer, Vienna XIII, Schließmanngasse 11, 1922

Adolf Loos, Haus Moller, Wien XVIII, Starkfriedgasse 19, 1928
_house Moller, Vienna XVIII, Starkfriedgasse 19, 1928

Josef Frank, Oskar Wlach
Villa Beer – Aufbau auf dem Raumplan von A. Loos; Integration des Außenraumes (Garten) in den Innenraum (siehe fig. 9)

Villa Beer – developing A. Loos' Raumplan ("space plan") further; integration of the exterior (garden) into the interior space (see fig. 9)

Josef Frank, Oskar Wlach, Haus Beer, Wien XIII, Wenzgasse 12, 1929/30
_house Beer, Vienna XIII, Wenzgasse 12, 1929/1930

„Alles wird Raum“
Max Eisler über die Villa Beer

“Everything becomes space”
Max Eisler on Villa Beer

Josef Frank, Oskar Wlach, Haus Beer, Innenansicht, Wien XIII, Wenzgasse 12, 1929/1930
_house Beer, interior view, Vienna XIII, Wenzgasse 12, 1929/1930

Josef Frank, Entwurf für eine Halle, um 1925
_draft for a hall, ca. 1925

Sitzmöbel von Josef Zotti, Fritz Müller, Hans Döllgast, Josef Berger, Martin Ziegler, Albert Linschütz, Otto Breuer und Lois Welzenbacher, um 1926
_armchairs by Josef Zotti, Fritz Müller, Hans Döllgast, Josef Berger, Martin Ziegler, Albert Linschütz, Otto Breuer and Lois Welzenbacher, ca. 1926

die traditionelle Variante der Vorstadtvilla – neobarocke Elemente und Vertäfelungen

the traditional model of a villa in the outskirts – neo-baroque elements and wainscoting

Franz v. Krauss und Josef Tölk, Villa Friedmann, Außenansicht und Innenraum, Wien XIX, Blaasstraße 12, 1925/1926
_villa Friedmann, view from outside and interior, Vienna XIX, Blaasstraße 12, 1925/1926

Möbel im Stil des Neobarock mit expressiven Elementen und dekorativen Bemalungen

neo-baroque furniture with an extpressive touch and decorative paintings

Kommode, Bemalung von Peche-Schüler T. Arvay, signiert, 1921, Nadelholz
_cupboard, painting by Peche-student T. Arvay, signed, 1921, pinewood

Eckschrank, um 1925/1930, Holz, schwarz gebeizt, farbig bemalt, verglaste Doppeltür, H 235 cm, B 99 cm
_corner cupboard, around 1925/1930, black stained wood, painted, vitrified double door, h 235 cm, w 99 cm

traditionelle Repräsentation versus modernes Wohnen

traditional representation versus a modern way of living

Robert Örley, Villa in Wien XIX, Gartenansicht und Halle, um 1924
_villa in Vienna XIX, garden view and hall, ca. 1924

Josef Frank, Oskar Wlach und Walter Sobotka gründen Mitte der 20er Jahre die Firma „Haus und Garten"

Josef Frank, Oskar Wlach and Walter Sobotka
founded the company "House and Garden" in the mid-20s

Arnold Karplus, Haus Kahane, Garten und Terrassen von Josef Frank und Oskar Wlach (Fa. Haus & Garten), Wien XIX, Hohe Warte, 1930
_Kahane house, garden and terraces by J. Frank and O. Wlach (Haus & Garten Co.), Vienna XIX, Hohe Warte, 1930

Karl Maria Schuster, Garten, signiert, 1928, Öl/Leinwand, 79 x 64 cm
_garden, signed, 1928, oil/canvas, 79 x 64 cm

„Ein gut organisiertes Haus ist wie eine Stadt anzulegen mit Straßen und Wegen, die zwangsläufig zu Plätzen führen, welche vom Verkehr ausgeschaltet sind, so dass man auf ihnen ausruhen kann.“
Josef Frank, 1931

“A well-organised house should be organised like a city with roads and pathways that inevitably lead to spaces which are closed off to traffic, so that one can relax in them”
Josef Frank, 1931

Josef Frank, Stoffentwurf Aralia für Haus & Garten, 1930
_cloth Aralia for Haus & Garten, 1930

Arnold Karplus, Haus Kahane, Inneneinrichtung von Josef Fratnk, Oskar Wlach (Fa. Haus & Garten), Wohnraum, 1930
_Kahane house, interior design by J. Frank and O. Wlach (Haus & Garten Co.), living room, 1930

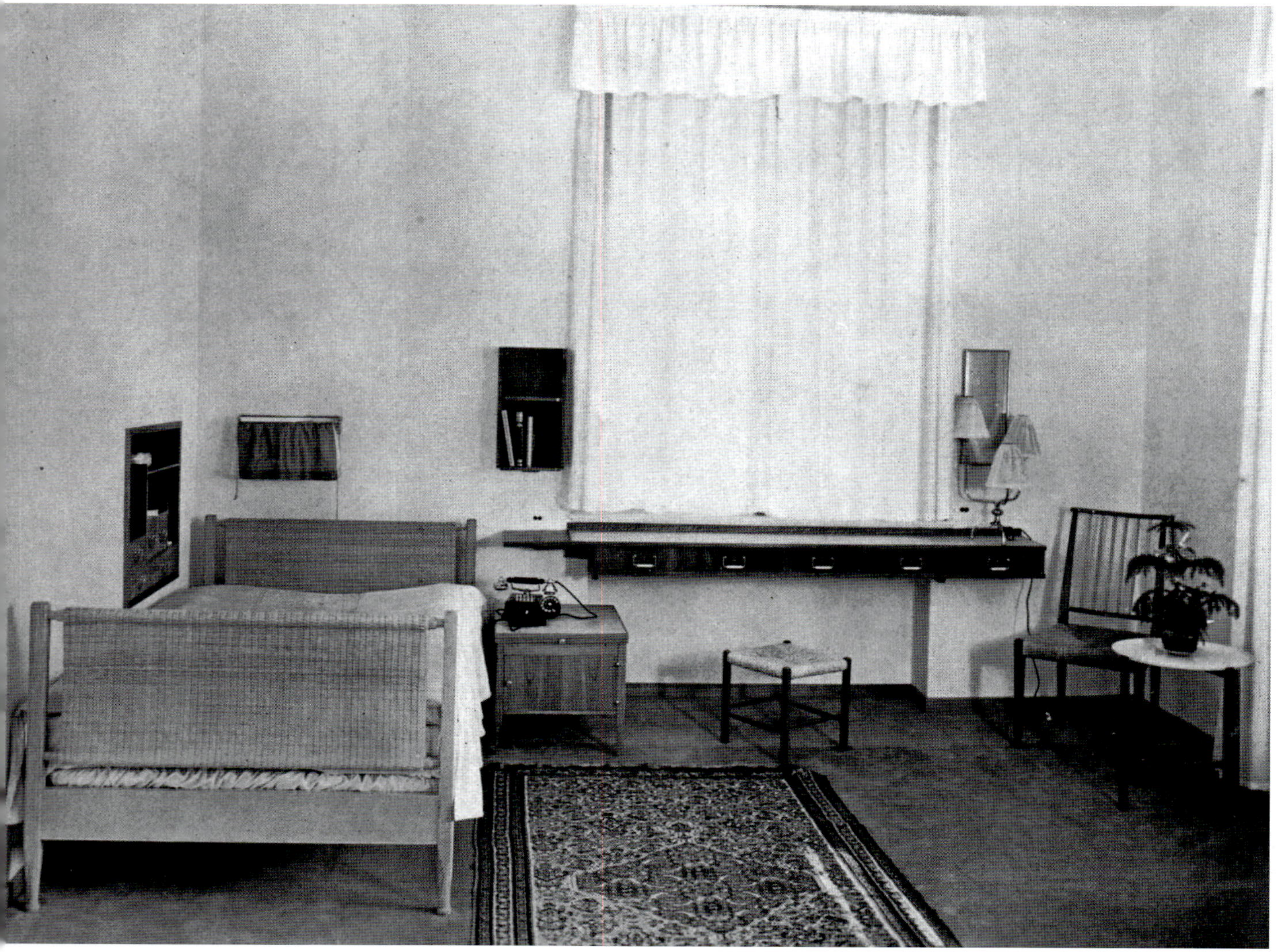

Arnold Karplus, Haus Kahane, Inneneinrichtung von Josef Frank, Oskar Wlach (Fa. Haus & Garten), Schlafzimmer der Dame, 1930
_Kahane house, interior design by J. Frank and O. Wlach (Haus & Garten Co.), lady´s bedroom, 1930

das „Wiener Möbel"
Wohnräume ohne Repräsentationsanspruch
mobile Möbel

"Vienna Furniture"
living space without any representational claims
movable furniture

Arnold Karplus, Haus Kahane, Inneneinrichtung von Josef Frank und Oskar Wlach (Fa. Haus & Garten), Musikzimmer, Wien XIX, Hohe Warte, 1930
_Kahane house, interior design by J. Frank and O. Wlach (Haus & Garten Co.), music room, Vienna XIX, Hohe Warte, 1930

_Josef Frank, Knüpfteppichentwurf, Dess. Nr. 10632, 1932, Entwurf in Bleistift, Aquarell/Karton, 16,9 x 20 cm
_design for a carpet, dess. no. 10632, 1932, draft in pencil, watercolour/cardbord, 16,9 x 20 cm

Josef Frank (Fa. Haus & Garten), Luster, 1928/1929, Messing, H 28 cm, DM 50 cm
_chandelier, 1928/1929, brass, h 28 cm, dm 50 cm

Josef Frank (Fa. Haus & Garten), Armlehnstuhl, um 1925, Mahagoni, Bambus, H 94 cm, B 54 cm, T 50 cm
_armchair, ca. 1925, mahogany, bamboo, h 94 cm, w 54 cm, d 50 cm

Josef Frank, Oskar Wlach, Haus Beer, Speisezimmer, um 1932
_house Beer, dining room, ca. 1932

Josef Frank (Haus & Garten), Wohnung H. und M. Blitz (?), Speisezimmer, Glasluster der Fa. Lobmeyer, um 1926
_apartment of H. and M. Blitz (?), dining room, chandelier by Lobmeyer Co., ca. 1926

Josef Hoffmann, Tischlampe, Ausführung Wiener Werkstätte um 1920, Stoffbezug von Felice Rix, Messing, getrieben und poliert, H 48 cm, DM 31 cm
_table lamp, manufactured by Wiener Werkstätte around 1920, cloth by Felice Rix, brass, chased and hammered, h 48 cm, dm 31 cm

Dagobert Peche, Tischlampe, 1921/1922, Ausführung Wiener Werkstätte, Messing versilbert, H 56 cm
_table lamp, 1921/1922, manufactured by Wiener Werkstätte, silver plated brass, h 56 cm

Ernst Schwadron
Entwicklung von neuartigen Lampen

developing modern lamps

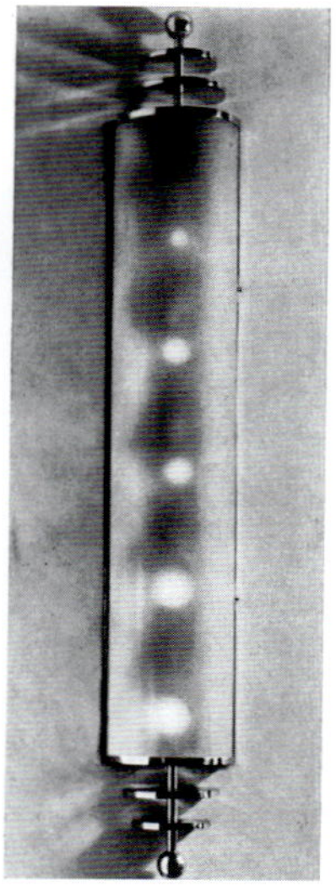

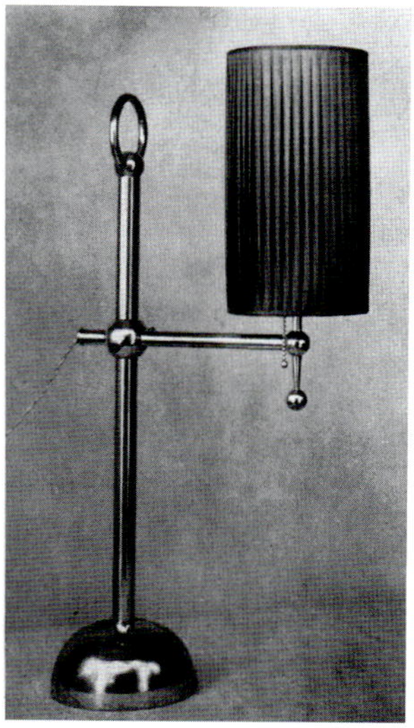

Ernst Schwadron, Lampen, um 1930
_lamps, ca. 1930

Ernst Schwadron, Erker in einer Wiener Wohnung, um 1930,
_bay-room in a Viennese flat, ca. 1930

Hugo Gorge, Bibliothekszimmer in einer Villa, um 1925
_library in a villa, ca. 1925

mystisch-symbolistische Tendenzen in der Malerei
Darstellung von mythischen, heroischen Themen
im großbürgerlichen Ambiente

mystical-symbolist trends in painting
mythical and heroic subjects in a bourgeois ambience

Herbert Reyl-Hanisch, Triptychon, signiert, 1925, Öl/Leinwand, 90 x 150 cm
_triptych, signed, 1925, oil/cardboard, 90 x 150 cm

Giulio Angelo Liberali, Schimmelreiter, signiert, 1920, Öl/Leinwand, 50 x 50 cm
_horseman, signed, 1920, oil/canvas, 50 x 50 cm

Alfred Hagel, Minerva, signiert, Öl/Leinwand, 53 x 75 cm
_Minerva, signed, oil/canvas, 53 x 75 cm

Hugo Gorge, Frühstücksraum in einer Villa, um 1925
_breakfast room in a villa, ca. 1925

eine Funktion – zwei konträre Bau- und Einrichtungslösungen
traditionelle, repräsentative und schwere Möblierung versus
innovative, bewegliche Wohnkonzepte

one function – two contrary building and furnishing solutions
traditional, prestigious and heavy furniture versus
innovative, movable living concepts

Ernst Schwadron, Frühstücksraum im Haus einer Malerin, 1930
_breakfast room in a painter´s house, 1930

Alfons Walde

Architekt und Maler in der alpinen, ländlichen Umgebung

architect and painter in an alpine, rural surrounding

Berghaus Alfons Walde, Hahnenkamm 19, Kitzbühel, Tirol, um 1930
_house in the mountains of Alfons Walde, Hahnenkamm 19, Kitzbühel, Tyrol, ca. 1930

Alfons Walde, Begegnung, um 1925/1930, signiert, Öl/Karton, 29 x 31,5 cm
_encounter, ca. 1925/1930, signed, oil/cardboard, 29 x 31.5 cm

ländliche, großbürgerliche Wohnkonzepte
volkstümliche Wandmalereien und städtische Salon-Möbel

rural, bourgeois living-concepts
folklike wall paintings and urban salon-furnishing

Robert Örley, Wohnhalle in einem Landhaus, Möbel und Holzarbeiten von Richard Ludwig, Wandbemalung von O. R. Schatz, um 1924
_hall in a cottage, furniture and wood-works by Richard Ludwig, wall painting by O. R. Schatz, ca. 1924

traditionelle, ländliche Wohnkonzepte
Wertschätzung von bäuerlichem Mobiliar im einfachen, rustikalen Raum

traditional, rural living-concepts
appreciation of rural furniture in a simple, rustic room

Emil Hoppe, Otto Schönthal, Stube in einem Landhaus in Dürnstein, Niederösterreich, 1923
_living room in a cottage in Dürnstein, Lower Austria, 1923

Oskar Mulley, Berghof, um 1925, Öl/Leinwand, 75 x 100 cm
_farmhouse in the mountains, ca. 1925, oil/canvas, 75 x 100 cm

Clemens Holzmeister, Berghaus Holzmeister, Hahnenkamm, Kitzbühel, Tirol, 1930
_house in the mountains, Hahnenkamm, Kitzbühel, Tyrol, 1930

Josef Dobrowsky, Am Weg nach Hause, signiert, 1925, Öl/Karton, 50 x 54 cm
_on the way home, signed, 1925, oil/cardboard, 50 x 54 cm

Lois Welzenbacher

Vertreter des innovativen, modernen Stils
Einbettung der Architektur in die Natur
einziger Vertreter Österreichs in der
Ausstellung „International Style“, New York 1932

representing the innovative, modern style
integrating architecture into nature
the only Austrian at the New York exhibition
"International style", 1932

Lois Welzenbacher, Haus Settari, Bad Dreikirchen, Südtirol, 1922/1923
_house Settari, Bad Dreikirchen, South Tyrol, 1922/1923

Lois Welzenbacher, Haus Baldauf, Bad Dreikirchen, Südtirol, 1922/1923
_house Baldauf, Bad Dreikirchen, South Tyrol, 1922/1923

Clemens Holzmeister, Landhaus Eichmann, Boots- und Badehaus,Litzelberg, Seewalchen, Oberösterreich, 1928
_cottage Eichmann, boat and bath house, Litzelberg, Seewalchen, Upper Austria, 1928

Richard Harlfinger, Hallstatt, signiert, 1923, Öl/Leinwand, 53 x 70 cm
_Hallstatt, signed, 1923, oil/canvas, 53 x 70 cm

Anton Josef Storch-Alberti, Rhonegletscher, signiert, 1930, Öl/Leinwand, 54 x 73 cm
_Rhone glacier, signed, 1930, oil/canvas, 54 x 73 cm

Lois Welzenbacher, Haus Buchroithner, Zell am See, Schmittengraben, Oberösterreich, 1928–1930
_house Buchroithner, Zell am See, Schmittengraben, Upper Austria, 1928–1930

Anton Kolig, Die Familie des Künstlers, 1928, Öl/Leinwand, 180 x 201 cm
_the artist's family, 1928, oil/canvas, 180 x 201 cm

der „Nötscher Kreis“ – Anton Kolig, Franz Wiegele, Sebastian Isepp, Anton Mahringer eine Kärntner Künstlerkolonie

the “circle of Nötsch” Anton Kolig, Franz Wiegele, Sebastian Isepp, Anton Mahringer a Carintian artists’ colony

Franz Wiegele, Familienbildnis Isepp, 1927/1928, Öl/Leinwand, 180 x 100 cm
_portrait of the Isepp family, 1927/1928, oil/canvas, 180 x 100 cm

1925 – Weltausstellung in Paris
Exposition internationale des Arts Décoratifs et industriels modernes, österreichischer Pavillon von Josef Hoffmann

1925 – World's Fair in Paris
Exposition internationale des Arts Décoratifs et industriels modernes, Austrian pavillion by Josef Hoffmann

Josef Hoffmann, Modell für das österreichische Ausstellungshaus in Paris, um 1924
_model for the Austrian pavillion in Paris, ca. 1924

Josef Hoffmann, Eingang zum österreichischen Pavillon, Paris 1925
_entrance of the Austrian pavillion, Paris 1925

Josef Hoffmann, große Ausstellungshalle, österreichischer Pavillon, Paris 1925
_great exhibition hall, Austrian pavillion, Paris 1925

Eleganz und Expressivität im Kunsthandwerk

elegance and expressivity in arts and crafts

Josef Hoffmann, Kringelpokal, Tafelaufsatz, Ausführung Wiener Werkstätte, 1925, Messing, gehämmert und getrieben, H 17,8 cm, B 28 cm
_curl goblet, centerpiece, manufactured by Wiener Werkstätte, 1925, brass, hammered and chased, h 17.8 cm, w 28 cm

Vally Wieselthier, großer Aufsatz, 1924, Ausführung Wiener Werkstätte, roter Scherben, mehrfarbig glasiert, H 28 cm, DM 29 cm
_large centerpiece, 1924, manufactured by Wiener Werkstätte, red clay pottery, coloured glazing, h 28 cm, dm 29 cm

Dagobert Peche, Silberdose, Ausführung Wiener Werkstätte, um 1920
_silver box, manufactured by Wiener Werkstätte, ca. 1920

Vally Wieselthier, Gudrun Baudisch, Susi Singer:
expressionistische Keramik in der Wiener Werkstätte versus das moderne, weibliche Ideal aus der Sicht männlicher Künstler

expressionist ceramics in the Wiener Werkstätte versus
the modern, female ideal from a male artist's perspective

Vally Wieselthier, Tänzerin und Clown, um 1920, Ausführung Wiener Werkstätte, roter Scherben, mehrfarbig glasiert, H 24 cm
_dancer and clown, ca. 1920, manufactured by Wiener Werkstätte, red clay pottery, coloured glazing, h 24 cm

Josef Lorenzl, Figur „Gefangener Vogel“, Entwurf um 1923/1924, Ausführung Fa. Goldscheider, Keramik, farbig staffiert, H 46,8 cm
_figurine „trapped bird“, draft ca. 1923/1924,manufactured by Goldscheider Co., ceramics, coloured, h 46.8 cm

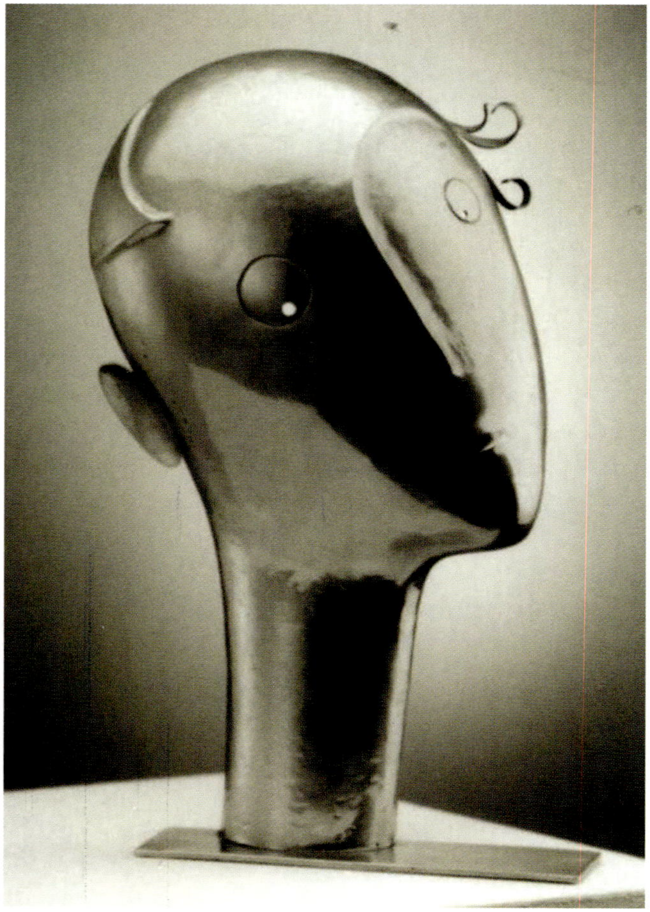

Franz Hagenauer, Kopf, Alpaka, 1925/1928
_head, alpaca, 1925/1928

Gudrun Baudisch, Frauenkopf, 1928, Ausführung Wiener Werkstätte, roter Scherben, mehrfarbig glasiert, H 25 cm
_female head, 1928, manufactured by Wiener Werkstätte, red pottery, polychrome glaze, h 25 cm

Josef Lorenzl, Spanierin, Entwurf um 1929, Ausführung Fa. Goldscheider, Keramik, farbig staffiert, H 46 cm
_Spanish woman, draft ca. 1929, manufactured by Goldscheider Co., ceramics, coloured, h 46 cm

Eduard Stella, Elegante Dame mit Hut (Alexandra Ankwicz-Kleehoven), monogrammiert, 1924, Öl/Leinwand, 80 x 52 cm
_elegant lady with hat (Alexandra Ankwicz-Kleehoven), monogrammed, 1924, oil/canvas, 80 x 52 cm

Mutter mit Kind, 1925, roter Scherben, mehrfarbig glasiert, H 39,8 cm
_mother with child, 1925, red pottery, coloured glazing, h 39,8 cm

Susi Singer, Akt mit Spiegel, 1925, Originalkeramik der Wiener Werkstätte, roter Scherben, farbig glasiert, H 99 cm
_nude with mirror, 1925, original ceramic by Wiener Werkstätte, red clay pottery, coloured glazing, h 99 cm

Josef Hoffmann, Ruheraum der Dame, 1924/1925
_lady´s relaxation room, 1924/1925

Ludwig Heinrich Jungnickel, sitzendes Mädchen, signiert, 1925, Öl/Holz, 68,2 x 50 cm
_sitting girl, signed, 1925, oil/wood, 68.2 x 50 cm

Viktor Tischler, Damenporträt, signiert, Öl/Leinwand, 114,5 x 71 cm
_portrait of a lady, signed, oil/canvas, 114.5 x 71 cm

Hans Puffer, Wohnzimmer mit Teewagen, um 1930
_living room with tea trolley, ca. 1930

Erna Kopriva, Jardinière, roter Scherben, 1927, mehrfarbig glasiert, Ausführung Wiener Werkstätte, H 13,4 cm, B 15,7 cm
_Jardinière, 1927, red pottery, multi coloured glazing, manufactured by Wiener Werkstätte, h 13.4 cm, w 15.7 cm

klare, geometrische Raum- und Möbelformen – expressive Keramik

simple, geometric shapes for rooms and furniture – expressionist pottery

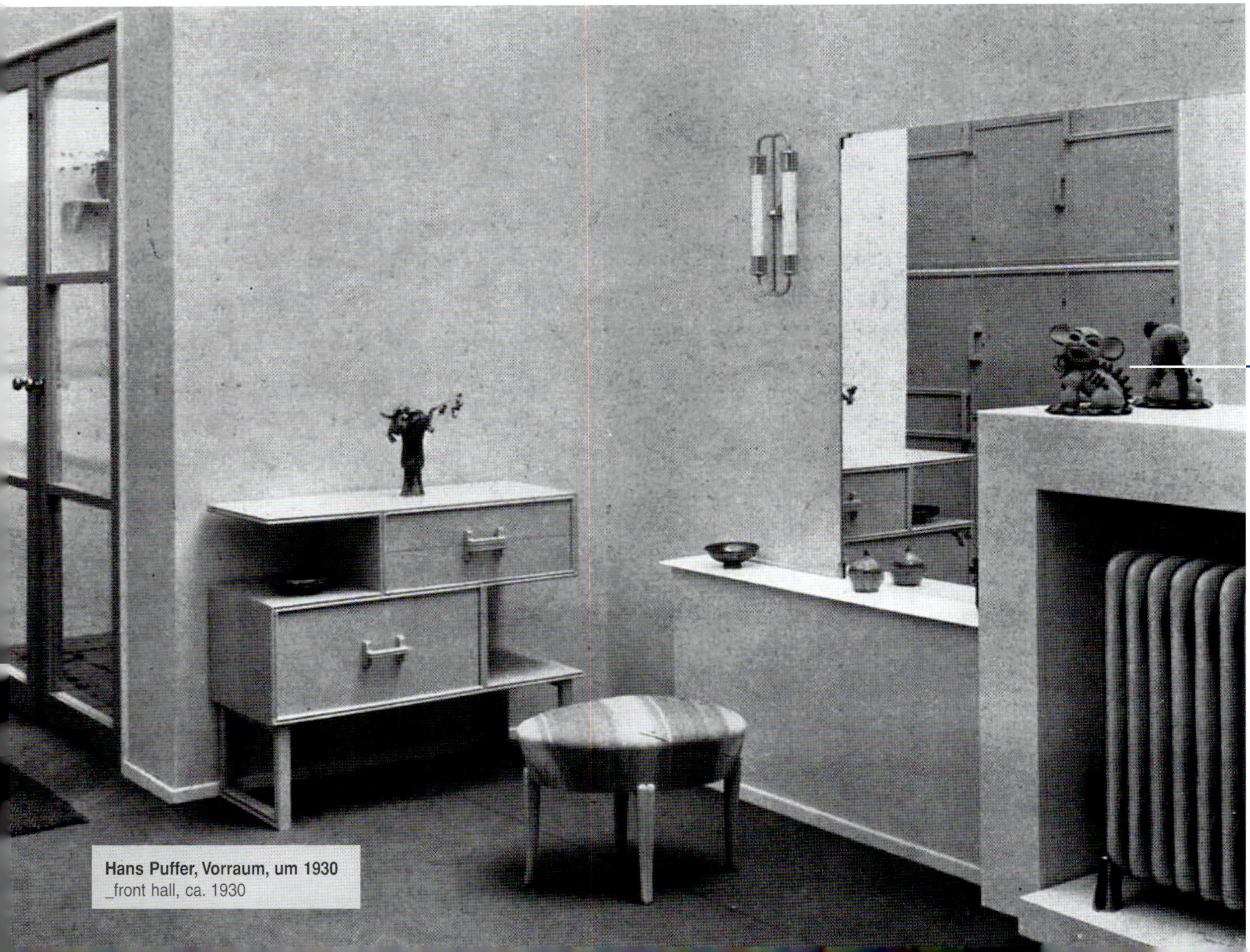

Hans Puffer, Vorraum, um 1930
_front hall, ca. 1930

Walter Bosse, Grotesken, Ton, gebrannt und glasiert, um 1924
_grotesques, glazed clay, ca. 1924

Vally Wieselthier, Hund und Drache, Keramik, 1921
_dog and dragon, ceramic, 1921

Susi Singer, Chinese mit Pferd, Ausführung Wiener Werkstätte, Entwurf 1921 Keramik, ziegelroter Scherben, farbig staffiert, H 19,5 cm
_Chinese with horse, manufactured by Wiener Werkstätte, draft from 1921, ceramic, red pottery, coloured, h 19.5 cm

Kitty Rix, Pferde, Ausführung Wiener Werkstätte, Entwurf 1927, Keramik, ziegelroter Scherben, farbig glasiert, H 15,5 cm
_horses, manufactured by Wiener Werkstätte, draft from 1927, ceramic, red pottery, coloured, h 15.5 cm

Fritz Goss, Wohnung Gross, Kaminecke
_flat of Mr. Gross, fireplace

Fritz Gross, Wohnung Gross, Kaminplatz, um 1930
_flat of Mr. Gross, fireplace, ca. 1930

Tonindustrie Scheibbs, Keramik, ziegelroter Scherben, farbig staffiert, H 19,2 cm, L 25 cm
_clay-industry Scheibbs, ceramic, red pottery, coloured, h 19.2 cm, l 25 cm

Erna Kopriva, Lampenfuß, 1929, Ausführung Wiener Werkstätte, roter Scherben, mehrfarbig glasiert, H 29,5 cm
_lamp stand, 1929, manufactured by Wiener Werkstätte, red pottery, coloured glazing, h 29.5 cm

Dagobert Peche, Vase, um 1920, Ausführung Gmundner Keramik, heller Scherben, schwarz/weiß glasiert, H 51 cm
_vase, around 1920, manufactured by Gmundner Keramik, pale pottery, black/white glazing, h 51 cm

Marey Beckert (-Schider), Vase, um 1924, Ausführung Johann Lötz Witwe, Klostermühle, Glas, geätzter geometrischer Dekor, H 14 cm, DM 6–12 cm
_vase, around 1924, manufactured by Johann Lötz Witwe, Klostermühle, glass, etched geometrical decor, h 14 cm, dm 6–12 cm

Vally Wieselthier, Vase mit Tier, 1928, Ausführung Wiener Werkstätte, roter Scherben, mehrfarbig glasiert, H 29,1 cm
_vase with animal, 1928, manufactured by Wiener Werkstätte, red clay pottery, coloured glazing, h 29.1 cm

Otto Prutscher, Vase, Ausführung Johann Lötz Witwe, Klostermühle, 1929, Glas, Dekor Urania, Silber irisierend mit Emailfeldern, H 11,4 cm
_vase, manufactured by Lötz Witwe Klostermühle, 1929, glas, decor Urania, silver iridescent with enamel fields, h 11.4 cm

Otto Prutscher, Besteckgarnitur „Imperial“, Ausführung Fa. J. C. Klinkosch, Silber, 1920
_cutlery „Imperial“, manufactured by J. C. Klinkosch Co., silver, 1920

Kaffeeservice, Wien um 1925/1930, Silber mit Perlen verziert, H (Mokkakanne) 15,5 cm
_coffee set, Vienna around 1925/1930, silver and pearls, h (mocha can) 15.5 cm

Otto Prutscher, Gewürzstreuer, um 1925, Ausführung Alexander Sturm für Wiener Werkstätte, Silber, geschliffenes Glas, H 15–6,8cm, DM 6–3 cm
_spice dredger, ca. 1925, manufactured by Alexander Sturm for Wiener Werkstätte, silver, cut glass, h 15–6.8 cm, dm 6–3 cm

Josef Hoffmann, Rauchservice, um 1922, Ausführung Wiener Werkstätte, Messing getrieben und gehämmert
_smoking set, ca. 1922, manufactured by Wiener Werkstätte, brass, chased and hammered

„Das Geheimnisvolle des Glases ist seine scheinbare Körperlosigkeit, seine Eigenschaft, Raum zu täuschen (...)“ Oskar Strnad, 1936

“The secret of glassware is its apparent lack of materiality, its property of being able to deceive space.” Oskar Strnad, 1936

Oswald Haerdtl, Trinkservice Nr. 240 „Ambassador“, Ausführung Lobmeyr, Musselinglas, 1925
set of glassware no. 240 „Ambassador“, manufactured by Lobmeyr, muslin crystal, 1925

Glas, Tiroler Glashütte, Kramsach, um 1924
_glass, Tyrolean glass factory, Kramsach, ca. 1924

Oswald Haerdtl, Kugeldosen, 1925, Ausführung Lobmeyr, Musselinglas
_candy dishes, 1925, manufactured by Lobmeyr, muslin crystal

Josef Berger, Martin Ziegler, Wohnraum, um 1925
_living room, around 1925

Dagobert Peche, Modeldruck „Viola“, Entwurf für die Wiener Werkstätte, Modelnr. 855, 1922, 56 x 78,8 cm
_print "Viola", draft for the Wiener Werkstätte, Model no. 855, 1922, 56x78.8 cm

Fritz Reichl, Budoirecke in der Wohnung Reichl, um 1925
_budoir in the Reichl flat, ca. 1925

die späten 20er Jahre – zunehmende Geometrisierung der Form

the late 20s – forms become more and more geometrical

Erna Kopriva, Lampenfuß, Entwurf 1929, Ausführung Wiener Werkstätte, roter Scherben, farbig staffiert, H 29 cm
_lamp stand, draft 1929, manufactured by Wiener Werkstätte, red pottery, coloured, h 29 cm

Hagenauer, Kerzenleuchter, Basisentwurf von 1929, Messing vernickelt, H 45 cm, DM 31 cm
_candleholder, basic draft in 1929, nickel-plated brass, h 45 cm, dm 31 cm

Alfred Wickenburg, Brücke am Arno, um 1922, Öl/Leinwand, 68 x 80 cm
_ bridge over the Arno, ca. 1922, oil/canvas, 68 x 80 cm

Otto Prutscher, Wohnzimmer, um 1930
_living room, ca. 1930

Johann Backhausen & Söhne, Stoffentwürfe, um 1930
_cloth drafts, ca. 1930

Erika Giovanna Klien, Kopf einer Tänzerin, 1923, Öl/Leinwand, 70 x 60 cm
_1923, oil/canvas, 70 x 60 cm

optimale Ausnutzung der Wohnfläche: kombinierte Wohn- und Schlafräume Vorhänge als Raumteiler Klapptische Einbauschränke

Karl Hofmann, Felix Augenfeld, Wohn- und Schlafraum, Kirsch- und Olivenholz, um 1927
_bed- and living room, cherry and olivewood, ca. 1927

Hugo Gorge, Klapptisch, offen, Ausführung R. Lorenz, Nussholz, um 1925
_folding table, unfolded, manufactured by R. Lorenz, nutwood, ca. 1925

ideal use of living space:
combined living and
sleeping rooms
curtains as partitions
folding tables
built-in cupboards

Hugo Gorge, Klapptisch, zugeklappt, Ausführung R. Lorenz, Nussholz, um 1925
_folding table, folded, manufactured by R. Lorenz, nutwood, ca. 1925

Ludwig Haas, Wohn- und Schlafzimmer, um 1930
_living and bedroom, ca. 1930

der Einfluss ostasiatischer Kunst und Kultur im Wien der 20er

the influence of East-Asian art and culture in Vienna in the 20s

Ernst Plischke, Blumentisch aus der Wohnung Gamerith, 1928, Fichte, lackiert, H 95,5 cm, B 75 cm, T 40 cm
_flower rack, flat of the Gamerith family, 1928, spruce, painted, h 95,5 cm, w 78 cm, d 40 cm

Karl Hofmann, Felix Augenfeld, Anrichte, Nussholz, um 1927
_sideboard, nutwood, ca. 1927

Karl Hofmann, Felix Augenfeld, Esszimmer, um 1927
_dining room, ca. 1927

Kasette mit Intarsia, Ausführung Paul Szenkovits, um 1921
_jewel case with marquetry, manufactured by Paul Szenkovits, ca. 1921

Fritz Reichl, Empfangsraum, um 1930
_parlour, ca. 1930

Anton Pospischil, Kaminfauteuil, 1928
_fauteuil for the fireplace, 1928

Vitrine, 1920er, Palisander, Glas, floraler Seidenstoff, Messingbeschläge, H 184 cm, B 138 cm, T 34 cm
_glass cabinet, 1920s, palisander, glass, floral silk, brass fittings, h 184 cm, w 138 cm, d 34 cm

Fritz Gross, Wohnung mit Kakteenfenster, um 1930
_flat with window for cactuses, ca. 1930

Lois Pregartbauer, Wiesenstück, signiert, 1930, Mischtechnik/Papier, 42,8 x 30,1 cm
_meadow, signed, 1930, mixed technique/paper, 42.8 x 30.1 cm

August Rieger, Badende im Klosterneuburger Strandbad, 1927, signiert, Öl/Holz, 38 x 47 cm
_bathing people at the Strandbad Klosterneuburg, 1927, signed, oil/canvas, 38 x 47 cm

Heinz Rollig und Ernst Schwadron – das Kritzendorfer Strombad und die „weekend-bewegung“ in Klosterneuburg, Kritzendorf und Greifenstein

the Kritzendorf river bath and the “weekend-movement” in Klosterneuburg, Kritzendorf and Greifenstein

Heinz Rollig, Umkleidekabinen des Kritzendorfer Strombades, Kritzendorf/Niederösterreich, 1927
_changing rooms and gate to the river bath Kritzendorf, Kritzendorf/Lower Austria, 1927

Ernst Schwadron, Strandhaus Lederer, Greifenstein, Niederösterreich, 1927
_beach house Lederer, Greifenstein, Lower Austria, 1927

Ernst Schwadron, Bücherei in einer Wohnhalle, um 1930
_library in a hall, ca. 1930

Franziska Zach, Landschaft, signiert, 1929, Öl/Leinwand, 50 x 60 cm
_landscape, signed, 1929, oil/canvas, 50 x 60 cm

kubische Formen und **Exotismus** in der Malerei

cubic forms and exotism in painting

Heinrich Schröder, Sidi Bou Said III, signiert, 1929, Öl/Leinwand, 70 x 85 cm
_Sidi Bou Said III, signed, 1929, oil/canvas, 70 x 85 cm

Carl Fahringer, Bali, signiert, 1929, Öl/Hartfaserplatte, 51 x 67 cm
_Bali, signed, 1929, oil/hardboard, 51 x 67 cm

Willy Eisenschitz, Village du Vaucluse, signiert, 1928, Öl/Leinwand, 54,5 x 65 cm
_Village du Vaucluse, signed, 1928, oil/canvas, 54.5 x 65 cm

Hilde Goldschmidt, Capri – Monte Solaro III, monogrammiert, 1929, Öl/Leinwand, 61,7 x 76 cm
_Capri – Monte Solaro III, monogrammed, 1929, oil/canvas, 61.7 x 76 cm

Rudolf Wacker, Lindau „Auf der Mauer II", monogrammiert, 1926, Öl/Platte, 50 x 65 cm
_Lindau „on the wall II", monogrammed, 1926, oil/panel, 50 x 65 cm

Erika Giovanna Klien, Rodaun, signiert, um 1923/1924, schwarze Kreide/Zeichenpapier, 90 x 165 cm
_Rodaun, signed, around 1923/1924, black crayon/paper, 90 x 165 cm

Österreichische Werkbundausstellung 1930
Präsentation neuester Wohnkonzepte

Austrian Werkbund exhibition in 1930
presenting the latest living concepts

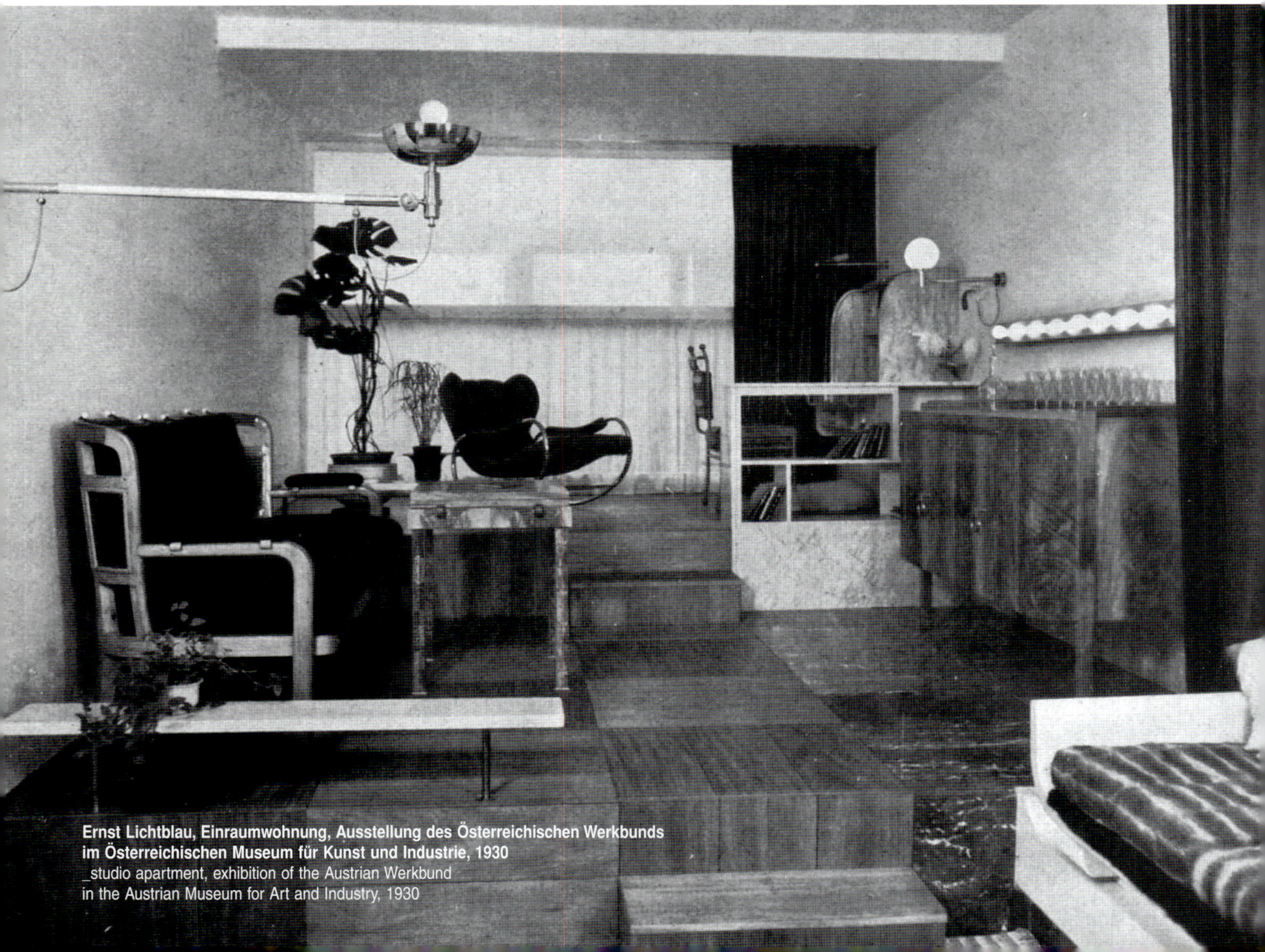

Ernst Lichtblau, Einraumwohnung, Ausstellung des Österreichischen Werkbunds im Österreichischen Museum für Kunst und Industrie, 1930
_studio apartment, exhibition of the Austrian Werkbund in the Austrian Museum for Art and Industry, 1930

das neue Caféhaus –
Abschied vom Alt-Wiener Kaffeehausstil und Vorwegnahme von Gestaltungsmerkmalen der 50er Jahre

the new café
farewell to the traditional Viennese coffehouse-style, anticipating 50s design

Karl Hofmann, Felix Augenfeld, Espresso, Ausstellung des Österreichischen Werkbundes 1930
_espresso, exhibited at the exhibition of the Austrian Werkbund 1930

Künstlerverzeichnis / index of artists

AICHINGER, Hermann, sen. (Vöcklabruck 1885–1962 Wien)
1907–1910 Studium an der Akademie der bildenden Künste Wien bei O. Wagner, 1912–1949 Arbeitsgemeinschaft mit H. Schmid; erstes Großprojekt „Siedlung Ostmark" 1912/1913 folgte einem malerisch-romantischen Trend, nach dem ersten Weltkrieg war das Büro Schmid/Aichinger eines der erfolgreichsten, zahlreiche Aufträge für das soziale Wohnbauprogramm des „Roten Wien" in den 1920er Jahren, die frühen monumentalen Baublocks wandeln sich später zu einer unregelmäßigen, romantischen Strukturierung der Wohnhausanlagen.
_studied at the Academy of Fine Arts Vienna under O. Wagner from 1907–1910, 1912–1949 collaboration with H. Schmid; their first big project was „Siedlung Ostmark" in 1912/1913 which followed a picturesque-romantic trend, Aichinger/Schmid became quite famous after World War I., they executed several jobs for the social housing programme of the „Red Vienna" in the 20s, their early monumental blocks are changing to an irregular, romantic structuring of their later residential buildings.

AUGENFELD, Felix (Wien 1893–1984 New York)
Besuchte von 1912–1914 die Bauschule von A. Loos, von 1922–1938 Ateliergemeinschaft mit K. Hofmann, 1931 Assistent von O. Strnad als Bühnenbildner, 1939 Emigration in die USA, 1941 Eröffnung eines Architekturbüros in NY; Augenfeld/Hofmann etablierten sich zunächst durch Innenausstattungen und Umbauten, unter den Auftraggebern war u.a. Familie Freud; unter dem Einfluss O. Strnads schuf Augenfeld Räume mit vielfältigen Benutzungsmöglichkeiten und multifunktionalen Möbelstücken.
_visited A. Loos' school from 1912–1914, collaboration with K. Hofmann 1922–1938, assistant to O. Strnad as stage designer, had to emigrate to the USA in 1939, opened his architectural office in 1941 in NY; Augenfeld/Hofmann established themselves through interior designs and modifications, the family of S. Freud was amongst their clients; influenced by O. Strnad, Augenfeld created rooms with diverse possibilities of use and multi-functional furniture.

BAUDISCH, Gudrun (Pöls/Stmk. 1907–1982 Hallein)
Studierte bei J. Hoffmann an der Wiener Kunstgewerbeschule; 1926–1930 als Designerin der Wiener Werkstätte tätig; 1930–1936 hatte sie eine eigene Keramikwerkstatt; ihre Arbeiten zeichnen sich durch eine starke abstrahierende Expressivität und gleichzeitig durch eine Art Verspieltheit aus.
_studied under J. Hoffmannn at the School of Applied Arts Vienna; worked as a designer in the Wiener Werkstätte from 1926–1930 and led her own pottery studio from 1930–1936; her works show a strongly abstract expressivity as well as a kind of playfulness.

BAUMGARTEN, Wilhelm (Sumperk/Mähren 1885–1959 Raleigh/USA)
1907–1910 Studium an der Akademie der bildenden Künste, Wien bei F. Ohmann, von 1921–1933 Ateliergemeinschaft mit J. Hofbauer, 1940 Emigration in die USA; die Haupttätigkeit von Baumgarten/Hofbauer fällt in die Zwischenkriegszeit, Versachlichung der Formensprache, Gebäudestrukturierung; der größte realisierte Auftrag ist die Zweite Gewerbliche Fortbildungsanstalt, Wien XV.
_studied at the Academy of Fine Arts Vienna from 1907–1910 under F. Ohmann, collaboration with J. Hofbauer 1921–1933, emigration to the USA in 1940; their main activity can be seen in the time between the wars, which show a sobriety (Sachlichkeit) in their forms and the structuring of buildings; their largest executed building is the Zweite Gewerbliche Fortbildungsanstalt, Vienna XV.

BECKERT, Marey (Österreich 1. Hälfte 20. Jahrhundert)
Ihr Ehemann Adolf Beckert war der künstlerische Leiter der Glasfabrik Loetz Klostermühle. Sie schuf für die Firma ab den 20er Jahren zahlreiche Entwürfe.
_her husband Adolf Beckert was artistic head of the glass-factory Loetz Klostermühle. She created several designs for the company in the 20s.

BOSSE, Walter (Wien 1904–1979 Iserlohn)
Erhielt nach dem Ersten Weltkrieg seine Ausbildung an der Wiener und danach an der Münchner Kunstgewerbeschule; entwarf ab Mitte der 20er Jahre für mehrere Porzellan- und Keramikfirmen.
_studied at the School of Applied Arts Vienna, and later Munich after World War I; designed for different pottery and porcelain companies from the mid-20s.

BREUER, Otto (Wien 1897–1938 Purkersdorf b. Wien)
1918–1922 Besuch der Technischen Hochschule, Wien, ab 1919 die Bauschule von A. Loos, ab 1919/20 besuchte Breuer die Weimarer Bauhaus-Schule, Mitglied des Österr. Werkbundes, 1921–1929 Zusammenarbeit mit A. Linschütz; die Möbel die er und Linschütz entwarfen entstanden unter den Aspekten der „Hygiene" und der „Bequemlichkeit", ebenso Breuers Entwurf für die Wiener Werkbundsiedlung; seine Karriere wurde frühzeitig durch das NS-Regime beendet.
_visited the Technical University Vienna from 1918–1922, from 1919 also Loos' school; from 1919/1920 Breuer studied at the Weimar Bauhaus-school, member of the Austrian Werkbund, collaboration with A. Linschütz from 1921–1929: their furniture was created regarding „hygiene" and „comfort", also Breuer's design for the Vienna Werkbundsiedlung; the NS-regime brought his career to an early end.

BRIGGS, Ella (Wien 1880–1977 Enfield/GB)
1901–1906 Studium an der Kunstgewerbeschule Wien, 1918–1920 Technische Hochschule München, 1920–1923 Tätigkeit im Baubüro Kahn Gregory in NY und Philadelphia, 1924–1927 Aufenthalt in Wien, in dieser Zeit errichtete sie zwei kommunale Wohnbauten und ist neben M. Schütte-Lihotzky die einzige Architektin, die am Wiener Wohnbauprogramm der 20er teilnehmen konnte (Pestalozzihof).
_studied at the School of Applied Arts Vienna from 1901–1906, visited the Technical University Munich from 1918–1920, working in the building-site office of Kahn Gregory NY and Philadelphia from 1920–1923; stay in Vienna from 1924–1927 where she was able to build two municipal housing blocks, beside M. Schütte-Lihotzky, Briggs was the only female architect to take part in the Vienna social housing programme (Pestalozzihof).

DIRNHUBER, Karl (Wien 1889–1953 Birmingham/GB)
Fünfjährige Tätigkeit im Atelier Theiß/Jaksch, ab 1919 Arbeit als selbstständiger Architekt; Bauten für den kommunalen Wohnbau, v.a. der Gemeindebau in der Weimarer Straße zeigt organisch-expressive Formen, die bei den folgenden Bauten einer sachlicheren Formensprache mit punktuellen Akzenten weichen;

Verwendung moderner Materialien; seine Villenbauten orientieren sich am Internationalen Stil.
_working in the studio of Theiß/Jaksch for five years, working as a self-employed architect from 1919, executed buildings for municipal housing, the council housing in the Weimarer Straße shows organic-expressive forms, that make way for buildings in the style of the „sobriety" with punctual accents, made use of modern materials, Dirnhuber's villas show an orientation on the „International Style".

DOBROWSKY, Josef (Karlsbad 1889–1964 Tullnerbach/NÖ)
1906–1919 Studium an der Akademie der bildenden Künste, Wien; ab 1919 Mitglied der Wiener Secession; 1946–1963 Professor an der Akademie, Wien; Vertreter des expressiven Kolorismus.
_studied at the Academy of Fine Arts Vienna from 1906–1919; from 1919 member of the Vienna Secession; from 1946–1963 Dobrowsky was working at the Academy of Fine Arts as professor, representing the style of an expressive colorism.

EHN, Karl (Wien 1884–1959 Wien)
1904–1907 Studium an der Akademie der bildenden Künste Wien bei O. Wagner, 1909–1950 Tätigkeit im Wiener Stadtbauamt; diese Arbeit ermöglichte es Ehn, die Architektur des „Roten Wien" maßgeblich mit zu gestalten; er plante Siedlungsanlagen, die dem Heimatstil nahe standen (Siedlung „Hermeswiese") als auch große Wohnhausanlagen; meist monumentaler Stil, holländische Vorbilder prägen Ehns typische „Superblocks" (etwa Karl-Marx Hof, Wien XIX); seine Bauten bewegen sich zwischen Tradition und zeitgenössischer Moderne.
_studied at the Academy of Fine Arts Vienna under O. Wagner from 1904–1907, working in the Vienna building inspection office which enabled him to have great influence on the architecture of the „Red Vienna", he planned colonies stylistically related to the Heimatstil (Domestic Revival) e.g. colony Hermeswiese, as well as large residential buildings; he mostly followed a monumental style with a Dutch influence that can be seen in his „superblocks" (such as the Karl-Marx Hof, Vienna XIX); his style is somewhere in between tradition and modernity.

FRANK, Josef (Baden b. Wien 1885–1967 Stockholm)
Studierte an der Technischen Hochschule, Wien; 1919 –1925 als Lehrer an der Wiener Kunstgewerbeschule tätig. Er entwickelte eine undogmatische moderne Architektur, verzichtete auf Fassadendekoration zugunsten einer Funktionalität, die den tatsächlichen Bedürfnissen der Bewohner genügen sollte. Mitbegründer des österreichischen Werkbundes; in den 20er Jahren im sozialen Wohnbau engagiert; emigrierte 1934 nach Schweden.
_studied at the Vienna University of Technology; taught at the School of Applied Arts Vienna from 1919–1925; developed an undogmatic modern architecture, resigning facade-decoration in favour of functionality, which should fit the owner's actual needs, co-founder of the Austrian Work Federation (Werkbund), engaged in social housing in the 20ies; emigrated to Sweden in 1934.

FUNKE, Helene (Chemnitz 1869–1957 Wien)
Studierte an der Münchner Kunstakademie; 1906–1913 Aufenthalt in Paris, Kontakt zu den Fauves (Matisse, Derain), deren Expressionismus und Kolorismus sie zeit ihres Lebens prägte.
_studied at the Art Academy in Munich, stayed in Paris from 1906–1913 where she was in touch with the Fauves (Matisse, Derain) whose expressionism and colorism influenced her for all her life.

GESSNER, Hubert (Wallachisch Klobouk 1871–1943 Wien)
1898/1899 Lehre und Mitarbeit in O. Wagners Büro, 1907 –1912 Zusammenarbeit mit seinem Bruder Franz; bekannt sind vor allem seine Wohnbauten, die nach dem ersten Weltkrieg entstanden; 1938 erhielt er Berufsverbot.
_studied and worked in O. Wagner's studio in 1898/1899, 1907 –1912 collaboration with his brother Franz; he is well-known for his residential buildings which he built after World War I, in 1938 he was banned from his profession.

GOLDSCHMIDT, Hilde (Leipzig 1897–1980 Kitzbühel)
Studierte ab 1914 an der Akademie, Leipzig, später in Dresden bei Oskar Kokoschka; Reise nach Amerika und weiterer Studienaufenthalt in Paris; 1936 Übersiedlung nach Kitzbühel, 1938 Emigration nach England und schließlich 1950 Rückkehr nach Kitzbühel. In ihrem Werk zeigt sich noch der Einfluss von Kokoschkas expressiven Kolorismus.
_studied at the Academy in Leipzig from 1914 on, went to Dresden later and studied under O. Kokoschka, travelled to America and stayed in Paris to study, Goldschmidt went to Kitzbühel in 1936 and emigrated to England in 1938 but returned to Kitzbühel in 1950, the expressive colorism in her works show O. Kokoschka's influence.

GORGE, Hugo (Botenwald/Mähren 1883 –1934 Wien)
Mitarbeiter von Friedrich Ohmann und Assistent von Oskar Strnad an der Wiener Kunstgewerbeschule; in der Einfachheit seiner Architektur A. Loos und J. Frank nahe stehend.
_co-worker of F. Ohmann and assistant of Oskar Strnad at the School of Applied Arts Vienna; his simple, clear architecture refers to A. Loos and J. Frank.

HAERDTL, Oswald (Wien 1899–1959 Wien)
1921 Diplom an der Kunstgewerbeschule Wien, 1922 Assistent im Atelier J. Hoffmanns, 1928 Atelierchef bei Hoffmann, 1932–1938 Kompagnon v. J. Hoffmann, ab 1935 Professor an der Kunstgewerbeschule Wien, 1939 Gründung des eigenen Ateliers; eines seiner Hauptwerke ist sein Haus für die Wiener Werkbundsiedlung, ebenso das Wien Museum am Karlsplatz und seine Umbauten von Cafés und Restaurants (Café Prückel, Volksgarten Pavillon); bekannt wurde Haerdtl auch durch zahlreiche Ausstellungsbauten; nach dem Krieg Engagement zum Wiederaufbau und zur Stadtplanung.
_reached his diploma at the School of Applied Arts Vienna in 1921, worked as J. Hoffmann's assistant from 1922 and became head of the studio in 1928, Hoffmann's co-partner from 1932–1938, from 1935 Haerdtl was working as professor at the School of Applied Arts Vienna and founded his own office in 1939; the house for the Vienna Werkbundsiedlung is amongst his main works, as well as the Wien Museum on Karlsplatz and the modifications of cafés and restaurants (Café Prückel, Volksgarten pavillion); Haerdtl became also famous for several exhibition buildings; after the war he was engaged in reconstructing and urban plannings.

HAGEL, Alfred (Wien 1885–1945 Wien)
Studierte bis 1909 an der Akademie er bildenden Künste Wien und anschließend in München, wo er bis 1930 als Illustrator und für die malerische Ausgestaltung von Luxusschiffen tätig war. Bis 1938 mit großen öffentlichen Erfolgen ausgezeichnet.
_studied at the Academy of Fine Arts Vienna from 1909 and went to Munich later on, where he worked as an illustrator for the painterly decoration of luxury boats until 1930, Hagel achieved big public success until 1938.

HAGENAUER, Franz (Wien 1906–1986 Wien)
Studierte ab 1921 an der Wiener Kunstgewerbeschule bei A. Hanak; seine abstrahierenden, dekorativen Messingarbeiten setzten die berühmte Tradition der „Wiener Bronzen" in modernen Formen fort.
_studied at the School of Applied Arts Vienna under A. Hanak from 1921; his abstracting, decorative bronze works follow the famous tradition of the „Vienna Bronze" in modern forms.

HARLFINGER, Richard (Mailand 1873–1948 Wien)
1892–1894 Studium an der Akademie der bildenden Künste Wien, danach in München; Mitglied der Wiener Secession.
_studied at the Academy of Fine Arts Vienna from 1892–1894 and went to Munich later on; member of the Vienna Secession.

HAUSER, Carry (Wien 1895–1985 Rekawinkel/NÖ)
Arbeitete als Maler und Schriftsteller; erhielt Unterricht an der Kunstgewerbeschule, Wien; nach 1919 als freischaffender Künstler tätig; emigrierte in die Schweiz; nach seiner Rückkehr 1947 engagierte er sich öffentlich gegen den Antisemitismus und beteiligte sich an der Reorganisation der Vereinigung bildender Künstler Österreichs. Sein Werk ist von religiösen und mystischen Vorstellungen von einem abstrahierenden Realismus geprägt.
_worked as a painter and writer and studied at the School of Applied Arts Vienna; after 1919 he worked as a self-employed artist; emigrated to Switzerland, after his return in 1947 he was publicly committed against anti-Semitism and worked on the reorganisation of the Association of Austrian Artists. His work is characterized by religious and mystic ideas and an abstracting realism.

HETMANEK, Alfons (Wien 1890–1962 Wien)
1912–1915 Studium an der Akademie der bildenden Künste bei O. Wagner, Besuch der Bauschule A. Loos, von 1923–1935 gemeinsames Atelier mit F. Kaym; planten v.a. Siedlungsbauten der Zwischenkriegszeit mit Bezug auf die englische Gartenstadtbewegung, A. Rössler bezeichnete Hetmanek und Kaym 1931 als die „goldene Mitte" zwischen Tradition und Moderne; nach dem Krieg schuf Hetmanek aber auch einige Wohnhausanlagen; zu den Hauptwerken zählt die Siedlung am Flötzersteig (1921–1931) und der Umbau des linken Flügels des Künstlerhauses, dessen Hausarchitekt er war, in ein Kino (1948).
_studied at the Academy of Fine Arts Vienna from 1912–1915 under O. Wagner, visited Loos' school, collaboration and studio with F. Kaym from 1923–1935; they mainly planned colonies in the time between the wars related to the English garden-city movement, in 1931 A. Rössler called them the „golden mean" between tradition and modernity; after the war Hetmanek also realized some residential building blocks; one of his main works is the colony Flötzersteig (1921–1931) and the modification of the left wing of the Künstlerhaus into a cinema (1948).

HOFBAUER, Josef (Wien 1875–1936 Wien)
1898–1899 a. o. Hörer an der Technischen Hochschule Wien, 1904–1907 Studium an der Akademie der bildenden Künste, Wien bei F. Ohmann; 1919–1924 Assistent der Meisterschule Ohmann, ab 1922 übernahm er für 2 Jahre die Leitung der Bauschule; 1921–1933 Arbeitsgemeinschaft mit W. Baumgarten, v. a. in der Zwischenkriegszeit folgten sie der allgemeinen Tendenz der Versachlichung, typisch für ihre Bauten ist eine spezifische Gebäudestrukturierung durch Klinkerstein, Lisenen etc.; die größte Bauaufgabe der Zwischenkriegszeit war die Zweite Gewerbliche Fortbildungsanstalt, Wien XV.
_from 1898–1899 as external student at the Technical University Vienna, studied at the Academy of Fine Arts from 1904–1907 under F. Ohmann; from 1919–1924 assistant at Ohmann's master school, from 1922 he led the school for construction for two years; from 1921–1933 he collaborated with W. Baumgarten, mainly in the time between the wars they followed the tendency of rationalism (New Sobriety), the structuring of the building through clinker, pilaster strips etc. is quite typical for their style; the largest realized project was the Zweite Gewerbliche Fortbildungsanstalt, Vienna XV. between the wars.

HOFFMANN, Josef (Pirnitz/Mähren 1870–1956 Wien)
Studierte an der Akademie, Wien bei C.v. Hasenauer und O. Wagner; Gründungsmitglied der Wiener Secession, gründete mit K. Moser u. dem Bankier F. Wärndorfer die „Wiener Werkstätte"; ab 1899 Lehrer an der Wiener Kunstgewerbeschule; maßgeblich an der kubisch strengen Formenwelt des österreichischen Jugendstils beteiligt; im Sinn des Gesamtkunstwerkes auch als Entwerfer von Kunstgewerbe verantwortlich.
_studied at the Academy of Fine Arts Vienna under C. v. Hasenauer and O. Wagner; co-founder of the Viennese Secession, founded the Wiener Werkstätte together with K. Moser and the banker F. Wärndorfer; teaching at the School of Applied Arts Vienna from 1899; important for the development of the cubic and strict formal language of the Austrian Jugendstil; also engaged in designing arts and crafts in terms of a „Gesamtkunstwerk" (synthesis of the arts).

HOFMANN, Karl (Wien 1890–unbekannt)
1908–1914 Besuch der Technischen Hochschule Wien; 1922–1938 Bürogemeinschaft mit F. Augenfeld, musste 1938 emigrieren und ging wahrscheinlich nach Australien; zunächst etablierten Hofmann/Augenfeld sich als Innenausstatter und Möbelentwerfer (Schreibtischsessel von S. Freud); entwarfen die „Espresso-Bar" für die Werkbundausstellung 1930, übernahmen die Inneneinrichtung von Strnads Haus auf der Werkbundausstellung; ein wichtiges Anliegen war es, Wohnkomfort mit Eleganz zu verbinden und die Rücksichtnahme auf die Bedürfnisse der Bewohner.
_visited the Technical University Vienna from 1908–1914, collaboration with F. Augenfeld form 1922–1938, had to emigrate in 1938 and might have gone to Australia; in the beginning Hofmann/Augenfeld established themselves as interior designers and designers of furniture (such as S. Freud's desk chair); they designed the „Espresso-Bar" for the Werkbund exhibtion in 1930 and overtook the interior design of O. Strnad's house in the Werkbund exhibition; they aimed to connect living comfort with elegance and considered the inhabitant's needs.

HOLZMEISTER, Clemens (Tirol 1886–1983 Hallein)
ab 1906 Studium an der Technischen Hochschule, Wien, 1914–1919 Assistent bei M. Ferstel an der Technischen Hochschule, 1919 Promotion und bis 1924 Arbeit als Architekt in Bozen (Zusammenarbeit mit L. Trenker), 1924–1938 Leitung der Meisterschule für Architektur an der Akademie der bildenden Künste, Wien; der Durchbruch gelang Holzmeister mit dem Bau des Krematoriums am Zentralfriedhof, war v.a. zur Zeit des Ständestaats als Kirchenbauer sehr erfolgreich, 1938 von den Nazis zwangspensioniert, ging Holzmeister nach Istanbul, errichtete rund ein Dutzend Staatsbauten, Sakralbauten und Denkmäler in der Türkei; 1954 Rückkehr nach Wien, Professor an der Akademie der bildenden Künste; Holzmeister zählt zu den bedeutendsten und international bekanntesten österreichischen Architekten.
_studied at the Technical University Vienna from 1906, assistant of M. Ferstel at the Technical University from 1914–1919, received his doctorate in 1919 and worked in Bolzano until 1924 (collaboration with L. Trenker), leading the master school of architecture at the Academy of Fine Arts Vienna from 1924–1938; he became famous for the crematory at the central cemetery and

was quite successful designing churches at times of the corporative state (Ständestaat), Holzmeister was forced to retire in 1938 and went to Istanbul, he erected around a dozen state buildings, religious buildings and memorials in Turkey; in 1954 he returned to Vienna and became professor at the Academy of Fine Arts in Vienna; Holzmeister is one of the most important and internationally known Austrian architects.

HOPPE, Emil (Wien 1876–1957 Wien)
1898 –1901 Studium an der Akademie der bildenden Künste bei O. Wagner, bis 1909 Mitarbeit in dessen Büro, gründete mit M. Kammerer und O. Schönthal ein eigenes Architektur-Büro; Arbeit auch im Bereich der Innenarchitektur und im Möbeldesign.
_studied at the Academy of Fine Arts, Vienna, from 1898 –1901 under O. Wagner, until 1909 working in Wagner's studio, founded an architectural studio with M. Kammerer and O. Schönthal; also working in the field of interior design and furniture design.

JUDTMANN, Fritz (Wien 1899–1968 Wien)
1918–1922 Studium an der Technischen Hochschule Wien, 1928 Promotion zum Dr. techn., 1922–1928 Assistent an der Technischen Hochschule, 1924–1934 Bürogemeinschaft mit E. Riss, ab 1934 Bühnenbildner, ab 1945 Ausstattungschef im Burgtheater; bekanntestes architektonisches Werk ist der mit Riss entworfene Tuberkulosepavillon in Lainz (1929–1931).
_studied at the Technical University Vienna from 1918–1922, received his doctorate (Dr. techn.) in 1928, worked as an assistant at the Technical University from 1922–1928, collaboration with E. Riss from 1924–1934, worked as a stage designer from 1934 and became chief of furnishing at the Burgtheater; his most famous architectural work is the pavillion for tuberculosis in Lainz which he planned together with E. Riss from 1929–1931.

JUNGNICKEL, Ludwig Heinrich (Wunsiedel 1881–1965 Wien)
1885 Besuch der Kunstgewerbeschule München, lebte in Rom und als Zögling in einem Kloster bei Klagenfurt, kam 1899 nach Wien und studierte bei Ch. Griepenkerl an der Akademie der bildenden Künste, ab 1902 studierte er bei A. Roller an der k.k. Kunstgewerbeschule für Kunst und Industrie, ging nach München und kehrte 1906 zurück an die Akademie, Wien; bekannt wurde er durch seine Bilder in Schablonenspritztechnik, Mitarbeiter der Wiener Werkstätte, schuf den Tierfries im Kinderzimmer des Palais Stoclet, bei der Kunstschau 1908 in Wien stellte er erstmals Farbholzschnitte aus, eine Serie von Tieren aus dem Tiergarten Schönbrunn folgte.
_visited the School for Applied Arts in Munich in 1885, living in Rome and in a cloister near Klagenfurt, came to Vienna in 1899 and studied at the Academy of Fine Arts, Vienna, under Ch. Griepenkerl, from 1902 Jungnickel studied at the k.k. School of Applied Arts and Industry under A. Roller, went to Munich and returned to the Academy in Vienna in 1906; became famous for his paintings in a stencil-spraying-technique, working for the Wiener Werkstätte, created the animal frieze in the children's room of Palais Stoclet, exhibited his coloured woodcuts at the Vienna Art Show 1908 for the first time, a series of animals from the Zoo Schönbrunn followed.

KARPLUS, Arnold (Vitkov 1877–1943 New York)
1897–1902 Studium an der Technischen Hochschule in Wien, ab 1902 an der Deutschen Technischen Hochschule in Prag, 1903 Promotion, ab 1906 freiberuflicher Architekt in Wien mit eigenem Atelier, musste 1939 nach New York emigrieren; seine frühen Villen und Fassaden zeigen den Einfluss der Wiener Werkstätte und Josef Hoffmanns aber auch Einflüsse der Heimatschutzbewegung, von 1911–1927 arbeitete Karplus als Baudirektor der Wiener-Baugesellschaft, 1927 war für ihn als Architekt eine Art Neuanfang, in seinen Bauten ist nun neben funktionalistischer Tendenzen der Einfluss von A. Loos und J. Frank zu erkennen.
_studied at the Technical University Vienna from 1897–1902, from 1902 he visited the Technical University Prague and got his degree in 1903, from 1906 Karplus worked as a self-employed architect with his own studio but had to emigrate to New York in 1939; his early villas and facades show the influence of the Wiener Werkstätte and Josef Hoffmann, but also influences by the Heimatschutzbewegung (homeland security), from 1911–1927 Karplus worked as construction director at the Vienna construction-society, the year 1927 was somehow a restart for him as an architect, besides functional tendencies, A. Loos' and J. Frank's influence can be seen in his works.

KASTINGER, Herbert Ferdinand (Bruck/Leitha 1900–1937 Wien)
1920–1923 Studium an der Akademie der bildenden Künste in Wien, ab 1930 Zusammenarbeit mit H. Stiegholzer; entwarfen zusammen das erste Arbeitsamt Österreichs im Stil der Neuen Sachlichkeit (nicht erhalten), das Einflüsse von Gropius' Dessauer Arbeitsamt zeigt; Kastinger/Stiegholzer waren auch auf dem Gebiet des Wohnbaus sehr erfolgreich.
_studied at the Academy of Fine Arts Vienna from 1920–1923, from 1930 collaboration with H. Stiegholzer; they designed the first Austrian employment centre (today demolished), which showed influences by Gropius' employment centre in Dessau, in the style of Neue Sachlichkeit (New Sobriety); Kastinger/Stiegholzer were also quite successful in building residential houses.

KAYM, Franz (Moosbrunn 1891–1949 Wien)
1910–1913 Studium an der Akademie der bildenden Künste, Wien bei O. Wagner, bis 1910 als technischer Zeichner im Atelier von H. Gessner tätig, bis 1913 bei O. Wagner; von 1913–1916 Mitarbeiter bei H. Gessner und A. Loos, erhielt nach 1945 vorübergehend Berufsverbot; 1920–1935 Zusammenarbeit mit A. Hetmanek; planten v.a. Siedlungsbauten der Zwischenkriegszeit mit Bezug auf die englische Gartenstadtbewegung, A. Rössler bezeichnete Hetmanek und Kaym 1931 als die „goldene Mitte" zwischen Tradition und Moderne; zu den Hauptwerken zählt die Siedlung am Flötzersteig (1921–1931) und die Siedlung „Weißenböckstraße".
_studied at the Academy of Fine Arts Vienna from 1910–1913 under O. Wagner, worked in H Gessner's studio as technical drawer until 1910; until 1913 he worked for O. Wagner; from 1913–1916 he was co-worker of H. Gessner and A. Loos and was temporarily banned from his profession after 1945; collaboration with A. Hetmanek from 1920–1935, they mainly planned colonies between the wars referring to the English garden-city movement, A. Rössler called them the „golden mean" between tradition and modernity; the colony „Flötzersteig" (1921–1931) and „Weißenböckstraße" are amongst their most important works.

KLIEN, Erika Giovanna (Borgo di Valsugana 1900–1957 New York)
1919–1925 Studium an der Wiener Kunstgewerbeschule, u. a. bei F. Cizek; ab 1923 Hinwendung zum Kinetismus, dessen Hauptvertreterin sie wird; übersiedelt 1929 nach New York und entwickelt dort die Abstraktion konsequent weiter.
_studied at the School of Applied Arts Vienna from 1919–1925, a. o. under F. Cizek; from 1923 on, she turned towards the style of Kinetism whose main representative she becomes; Klien moves to New York in 1929 and consistently kept developing abstract painting.

von KRAUS, Franz (Wien 1865–1942 Wien)
1882–1887 Studium an der Technischen Hochschule Wien, 1887–1890 an der Akademie der bildenden Künste
_studied at the Technical University Vienna from 1882–1887 and at the Academy of Fine Arts, Vienna from 1887–1890.

KOLIG, Anton (Neutitschein/Tschechien 1896–1950 Nötsch/Kärnten)
Studierte ab 1904 an der Kunstgewerbeschule, wechselte 1909 an die Akademie der bildenden Künste Wien; während seines Studienaufenthalts in Paris mußte er, vom Ersten Weltkrieg überrascht, nach Österreich fliehen und wurde 1917 Kriegsmaler in Kärnten; lebte in Nötsch, wo er später mit Wiegele und Isepp den „Nötscher Kreis" bildete. Sein Werk ist von einem freien malerischen Stil geprägt, der seinem Freund Kokoschka seht nahe steht.
_studied at the School of Applied Arts Vienna from 1904 on and changed to the Academy of Fine Arts in 1909; during his study-stay in Paris he had to escape to Austria because of World War I and became war-painter in Carinthia in 1917; lived in Nötsch, where he founded the „Nötscher Kreis" (circle of Nötsch) with Wiegele and Isepp. His work is characterized by a free painterly style, that is closely related to his friend O. Kokoschka.

KOLLER-PINELL, Broncia (Sanok/Galizien 1863 –1934 Wien)
Ab 1870 Privatunterricht bei Alexander Delug in Wien, 1885–1887 Studium an der privaten Damenakademie in München, 1902 wieder in Wien, Aufnahme in die Secession unter G. Klimt; intensiver Kontakt zu Künstlerkollegen; ließ sich von verschiedenen Stilen inspirieren. Sie gehört zu den bedeutendsten Künstlerinnen der ersten Jahrhunderthälfte.
_private lectures from Alexander Delug from 1870 in Vienna, studying at the private lady's academy in Munich from 1885–1887, returning to Vienna, admitted to the Secession under G. Klimt; intense contact to artist colleagues; was inspired by versatile styles and is considered as one of the most important female artists in the first half of the century.

KOPRIVA, Erna (Wien 1894–1984 Wien)
1914–1919 Studium an der Kunstgewerbeschule, Wien bei A. Hanak; wechselte danach in die Keramikabteilung der Wiener Werkstätte.
_studied at the School of Applied Arts Vienna from 1914–1919 under A. Hanak; went to the pottery-section of the Wiener Werkstätte later on.

LASKE, Oskar d. J. (Czernowitz 1874–1951 Wien)
Studium an der Akademie der bildenden Künste, Wien, bei O. Wagner, danach Arbeit als selbstständiger Architekt und ab 1904 hauptsächlich als Maler tätig; Aquarelle von seinen Reisen durch Afrika und Europa, farbintesive Malerei, Laske war auch als Grafiker und Buchillustrator tätig, ab 1907 Mitglied des Hagenbundes, ab 1924 Mitglied der Wiener Secession, ab 1928 Mitglied des Künstlerhauses Wien, während des ersten Weltkriegs arbeitete er als Kriegsmaler im k. u. k. Kriegspressequartier.
_studied at the Academy of Fine Arts, Vienna, under O. Wagner, then working as a self-employed architect, from 1904 mainly working as a painter; watercolours from his travels through Africa and Europe, colourful paintings, Laske was also working as a graphic designer and illustrator, from 1907 member of the Hagenbund and from 1924 of the Vienna Secession, from 1928 member of the Vienna Künstlerhaus, working as war-painter in the k. u. k. Kriegspressequartier (war-press-canton) during World War I.

LEISCHNER, Erich Franz (Wien 1887–1970 Wien)
1906–1912 Studium an der k.k. Technischen Hochschule Wien, von 1913–1960 im Wiener Stadtbauamt tätig, Beiträge zum sozialen Wohnbauprogramm des „Roten Wien" in der Zwischenkriegszeit; eines seiner bekanntesten Werke ist das Wiener Kongressbad von 1928 in Formen des Art Déco und des Kubismus.
_studied at the k.k. Technical University from 1906–1912; working at the Vienna Stadtbauamt (municipal planning office) from 1913–1960, Leischner was also involved in the social housing programme of the „Red Vienna" in the time between the wars; one of his most popular works is the Vienna Kongressbad from 1928, which shows forms of Art Déco and cubism.

LIBERALI, Giulio Angelo (Triest 1874–1938 Wien)
Studium der Malerei an der Akademie der bildenden Künste in Wien und München; danach Studienreisen bis nach Asien; vor allem als Illustrator und Plakatentwerfer tätig, widmete sich auch der Skulptur.
_studied at the Academy of Fine Arts in Vienna and Munich, trips through Eastern Europe til Asia, mainly working as illustrator and poster designer, Liberali was also a sculptor.

LICHTBLAU, Ernst (Wien 1883–1963 Wien)
1902–1905 Studium an der Akademie, Wien bei O. Wagner, 1939 Emigration in die USA; zunächst am Wiener dekorativen Jugendstil orientiert, entwickelte er sich zu einem Vertreter der Klassischen Moderne.
_studied at the Academy of Fine Arts Vienna under O. Wagner from 1902–1905; emigrated to the USA in 1939; being related to the decorative Jugendstil first, he became a representative of Classic Modernism

LOOS, Adolf (Brünn 1870–1933 Wien)
1888–1893 Studium an der Technischen Hochschule in Dresden, unterbrochen von einem kurzen Studienaufenthalt an der Wiener Akademie; danach 3-jähriger Aufenthalt in Amerika, der ihn nachhaltig prägte. Ab 1896 als Journalist und Architekt tätig, trat er bereits sehr früh gegen den Jugendstil mit seiner Ornamentverliebtheit auf. Das Material und die Funktion stehen an erster Stelle. Diese Forderung verbreitete er in den polemischen Schriften „Ornament und Verbrechen" (1908). Trotz seiner geforderten Funktionalität strahlen seine Werke große Eleganz aus.
_studies at the Technical University in Dresden from 1888–1893; short study-stay at the Academy of Fine Arts Vienna, spent 3 years in America, which had a great influence on him. Working as a journalist and architect from 1896, he was against the Jugenstil and its ornamtents; for him, material and function are the most important elements; this demand was spread through his polemic essays „Ornament und Verbrechen" (ornament and crime, 1908). Despite the functionality, his houses and interiors show great elegance.

LORENZL, Josef (Wien 1892–1950 Wien)
Arbeit als Keramiker; schuf zahlreiche und sehr erfolgreiche Modelle für die Firmen Goldscheider, Keramos und die Wiener Werkstätte; seine Arbeiten sind von einer delikaten Erotik geprägt.
_working as a ceramist, Lorenzl created several quite successful models for the companies Goldscheider, Keramos and the Wiener Werkstätte; his works are characterized by a delicate erotism.

MULLEY, Oskar (Klagenfurt 1891–1949 Garmisch)
1910–1913 Studium an der Wiener Akademie, danach als Theatermaler tätig; lebte von 1918 bis 1934 in Kufstein, wo er, von den Tiroler Bergen, dem Expressionismus von Egger- Lienz und

der malerischen Technik von Alfons Walde inspiriert, seinen eigenen künstlerischen Weg ging.

_studying at the Academy of Fine Arts Vienna from 1910- 1913; working later as a theatre-painter; living in Kufstein, Tyrol from 1918-1934, where he was influenced by the mountains, Egger-Lienz' expressionism and Alfons Walde's painterly technique, but still following his own style.

NIEDERMOSER, Otto (Wien 1903–1976 Wien)

1917-1922 Besuch der Kunstgewerbeschule, 1922 Diplom bei O. Strnad, 1925-1928 Studium an der Akademie der bildenden Künste Wien (P. Behrens), 1923-1925 Assistent von O. Strnad an der Kunstgewerbeschule, 1937 Errichtung der Klasse für Bühnenbild an der Kunstgewerbeschule; ab 1925 selbstständiger Innenarchitekt, schuf zahlreiche Bühnenbilder, J. Frank lud ihn zum Kreis der Architekten der Werkbundsiedlung; Niedermosers Baustil ist als eher nüchtern und sachlich zu bezeichnen, der Schwerpunkt seines Schaffens lag in Arbeiten für die Bühne und den Film.

_visited the School of Applied Arts Vienna from 1917-1922, reached his diploma under O. Strnad in 1922; from 1925-1928 Niedermoser studied at the Academy of Fine Arts Vienna (P. Behrens) and was assistant of O. Strnad at the School of Applied Arts from 1923-1925; from 1925 he was working as a self-employed interior designer and in 1937 he established the class for stage design at the School of Applied Arts; he created several stage designs and J. Frank invited him to the circle of architects of the Werkbundsiedlung; Niedermoser's architectural style is related to the Neue Sachlichkeit (New Sobriety) but the emphasis of his work lay on creating designs for the stage and the movies

ÖRLEY, Robert (Wien 1876–1945 Wien)

Nach einer Tischlerlehre Studium an der Kunstgewerbeschule, Wien; malte und bildete sich in der Architektur autodidaktisch weiter; 1902 Mitglied des Hagenbundes, wechselte er 1907 zur Secession. Seine Bauten dieser Zeit folgen dem strengen Jugendstil; in den 20er Jahren im kommunalen Wohnbau und der Stadtplanung tätig.

_studied at the School of Applied Arts Vienna after his apprenticeship as a carpenter; painted and autodidacticly educated himself as an architect; member of the Hagenbund, went to the Secession in 1907; the buildings in this period are following a strict Jugendstil; in the 20ies he was engaged in municipal dwelling houses and urbanism.

PECHE, Dagobert (St. Michael im Lungau, 1887–1923 Mödling bei Wien)

Studierte an der Technischen Hochschule (C. König) und an der Akademie (F. Ohmann), Wien; ab 1915 als enger Mitarbeiter Josef Hoffmanns für die Wiener Werkstätte tätig; vertritt einen eklektischen, barockisierenden Stil, der luxuriös wirkt und auf das Art Déco hinweist.

_studied at the Technical University (F. König) and at the Academy of Fine Arts Vienna (F. Ohmann); working together with J. Hoffmann closely for the Wiener Werkstätte from 1915; represents an eclectic, baroque style, that appears luxurious and is already indicating forms of Art Déco.

PLISCHKE, Ernst A. (Klosterneuburg 1903–1992 Wien)

1919-1923 Studium an der Kunstgewerbeschule Wien, von 1923-1926 an der Akademie für bildende Künste; zu seinen wichtigsten Bauten zählt das Arbeitsamt in Liesing (1930) und sein Haus für die Werkbundsiedlung (1932) ; hier flossen seine in NY gesammelten Erfahrungen ein; er plädierte für einen „humanen Aspekt" im neuen Bauen, seine Inneneinrichtungen betonen das Handwerkliche; wesentlich ist auch sein Bestreben, Innen- und Außenraum miteinander zu verbinden; asiatische Einflüsse sind in seinem Schaffen immer wieder spürbar (Haus Gamerith)

_studied at the School of Applied Arts Vienna from 1919-1923 and from 1923-1926 at the Academy of Fine Arts; the employment centre Liesing (1930) and his house for the Werkbund-colony (1932) are amongst his most important works, his experiences from his stay in New York can be seen in them; he spoke out for a „human aspect" in modern building, his interiors focus on handicraft, Plischke tried to connect interior and exterior space and assimilated Asian influences in his work (house Gamerith).

POLAK-HELLWIG, Otto R. (Wien 1885–1958 Sydney)

1903-1908 Studium an der Technischen Hochschule Wien, 1908-1909 an der Akademie der bildenden Künste Wien; mit seinen fortschrittlich geplanten Wohnhausanlagen gelang ihm ein deutlicher Schritt in Richtung Rationalisierung der Hauswirtschaft, seine „Wirtschaftsnische" von 1924/1925 ist als Vorläufer der Frankfurter Küche von M. Schütte-Lihotzky zu sehen.

_studied at the Technical University Vienna from 1903-1908, and from 1908-1909 at the Academy of Fine Arts Vienna; his residential building blocks are planned in a quite innovative and modern way, he aimed to rationalize domestic economy and created a „Wirtschaftsnische" (1924/1925) which can be seen as precursor to the Frankfurt Kitchen by M. Schütte-Lihotzky.

PREGARTBAUER, Lois (Mureck/Stmk. 1899–1971 Wien)

Studium an der Akademie der bildenden Künste und der Kunstgewerbeschule, Wien; im Laufe der Zeit Mitglied in verschiedenen Künstlervereinigungen. Sein Werk ist von Beginn an der „Neuen Sachlichkeit" verpflichtet.

_studied at the Academy of Fine Arts and at the School of Applied Arts Vienna; member of several different artist-associations. His work is comitted to the style of the „Neue Sachlichkeit" („new sobriety").

PRUTSCHER, Otto (Wien 1880–1949 Wien)

Absolvierte eine Tischlereilehre bei seinem Vater, 1897-1901 Studium an der Kunstgewerbeschule, Wien. Mit dieser allgemeinen Ausbildung war Prutscher schon früh als Entwerfer verschiedenster kunstgewerblicher Gegenstände für die Wiener Werkstätte und anderer renommierter Möbelfirmen tätig; ab 1911 als Architekt vor allem für Villen des Wiener Großbürgertums verantwortlich; daneben erfolgreicher Ausstellungsgestalter.

_apprenticeship as a carpenter under his father, studied at the School of Applied Arts Vienna 1897-1901; having this general knowledge, Prutscher was working as a designer for various handcrafts for the Wiener Werkstätte and other furniture companies quite early; mainly building mansions for the Viennese upper class from 1911; working as an exhibition designer successfully.

REYL-HANISCH, Herbert (Wien 1898–1937 Bregenz)

Studierte 1917-1920 an der Wiener Kunstgewerbeschule; ab 1920 stelle er in der Wiener Secession aus; Vertreter der „Neuen Sachlichkeit".

_studied at the School of Applied Arts Vienna from 1917-1920; from 1920 on he exhibited in the Vienna Secession; representative of the „Neue Sachlichkeit" („new sobriety").

RIEGER, August (Wien 1886–1941 Wien)

Als Maler war Rieger autodidakt und vertrat einen malerischen Realismus.

_as a painter, Rieger was autodidact and worked in a painterly realism.

RISS, Egon (Lipnik 1901 – 1964 Colinton/Schottland)
1919 – 1920 Studium an der Technischen Hochschule in Wien, danach selbstständiger Architekt in Wien, ab 1924 erfolgreiche Zusammenarbeit mit F. Judtmann, sie schufen einige der modernsten Bauten der Zwischenkriegszeit (Ambulatorium der Wiener Gebietskrankenkasse, Tuberkulosepavillon in Lainz), 1938 Emigration nach England.
_studied at the Technical University Vienna from 1919 – 1920; thereafter working as self-employed architect in Vienna; from 1924 successful collaboration with F. Judtmann, they created some of the most modern buildings in the time between the wars (ambulatory of the Vienna health fund, tuberculosis-pavillion Lainz); in 1938 he had to emigrate to England.

RIX, Kitty (Wien 1901 – ?)
Arbeitete bis 1931 in der Karamikabteilung der Wiener Werkstätte.
_working in the pottery-section of the Wiener Werkstätte until 1931.

ROLLIG, Heinz (Pilsen 1893 – 1978 Wien)
1919 – 1921 Studium an der Akademie der bildenden Künste Wien; sein Stil prägte sich auch durch seine Aufenthalte in Deutschland und der Schweiz; sein Spezialgebiet war der Bäderbau mit funktionaler Sprache (etwa Kritzendorf) und multi-funktionale Wochenendhäuser.
_studied at the Academy of Fine Arts Vienna from 1919 – 1921, his style was also influenced by his stays in Germany and Switzerland, Rollig's specialized in building baths in a functional style (e.g. Kritzendorf) as well as multi-functinal weekend cottages.

SCHMID, Heinrich (Waidhofen 1885 – 1949 Wien)
1907 – 1910 Studium an der Akademie der bildenden Künste Wien, 1910 – 1912 Fortbildung in Berlin, 1912 – 1949 freier Architekt in Arbeitsgemeinschaft mit H. Aichinger; nach dem 1. Weltkrieg wurde ihr Büro durch zahlreiche Aufträge des sozialen Wohnbaus zu einem der erfolgreichsten Wiens, zunächst bauten sie monumentale „Superblocks", ihre späteren Arbeiten zeichnen sich durch einen romantisierenden Gartenstadt-Charakter aus (Raben-Hof); während der Zeit des „Ständestaats" passten sie ihren Stil der Zeit an, Einsatz modernster Technologien, klare Fassadenstrukturierung.
_studied at the Academy of Fine Arts Vienna from 1907 – 1919, went to Berlin for further education from 1910 – 1912, Schmid was working as a self-employed architect collaborating with H. Aichinger from 1912 – 1949, after World War I their studio was one of the most successful through several jobs for the social housing programme of the „Red Vienna"; in the beginning they designed monumental „super-blocks" but they turned towards a more romantic style related to the garden-city movement later (Raben-Hof); during the time of the corporative state (Ständestaat), they adapted their style, they used the latest technologies and clearly structured facades.

SCHÖNTHAL, Otto (Wien 1878 – 1961 Wien)
1898 – 1901 Studium an der Akademie der bildenden Künste, Wien, bei O. Wagner, Arbeit in Wagners Büro, das er 1909 verließ; Zusammenarbeit mit M. Kammerer und E. Hoppe; Herausgeber der Zeitschrift „Der Architekt", 1939 Emigration, nach dem Krieg kehrte er zurück und führte sein eigenes Architekturbüro in Wien; die von ihm enworfene Villa Vojcsik in Wien XIV. wurde als Manifestation der Ideen der Wagner-Schule gesehen; in Zusammenarbeit mit Kammerer und Hoppe entstanden Bauten, die deutlich von Wagner und dem Stil der Secession beeinflusst waren, den dekorativen Anspruch jedoch nicht vernachlässigten und zur „moderaten Moderne" zählen, das Büro Schönthal/Hoppe/Kammerer war vor allem vor dem ersten Weltkrieg sehr erfolgreich.
_studied at the Academy of Fine Arts, Vienna from 1898 – 1901 under O. Wagner, working in Wagner's studio which he left in 1909; collaboration with M. Kammerer and E. Hoppe, publisher of the journal „The Architect", emigrated in 1939 but returned after the war and led his own architectural studio in Vienna; Schönthal's Villa Vojcsik, Vienna XIV., was considered to be the manifestation of the ideas of Wagner's school, the buildings that were created in collaboration with Kammerer and Hoppe show the influence of Wagner and the Secesion style, but never ignore the decorative demand and can be seen as a part of the "moderate modernity", the studio of Schönthal, Hoppe and Kammerer was especially successful before World War I.

SCHRÖDER, Heinrich (Krefeld 1881 – 1943 Innsbruck)
Studiere Malerei in Berlin und Paris; 1905 – 1909 erster Aufenthalt in Wien, unternahm mehrere Reisen bis nach Afrika; 1937 wurden seine Bilder beschlagnahmt. Schröder empfing seine künstlerische Prägung durch die Auseinandersetzung mit der französischen Malerei, vor allem von P. Cézanne.
_studied painting in Berlin and Paris; first stay in Vienna from 1905 – 1909, several trips til Africa; in 1937, his paintings were confiscated. Schröder was influenced by French painting, most of all by P. Cézanne.

SCHUSTER, Karl Maria (Purkersdorf 1871 – 1953 Wien)
Studierte 1887 – 1896 an der Akademie der bildenden Künste, Wien; danach Studienreisen nach Italien; 1902 Mitglied des Wiener Künstlerhauses; malte vor allem Landschaften.
_studied at the Academy of Fine Arts Vienna from 1887 – 1896, thereafter study trips to Italy; became member of the Vienna Künstlerhaus in 1902; mainly painted landscapes.

SCHWADRON, Ernst (Wien 1896 – 1979 New York)
1918/1919 Besuch der Kunstgewerbeschule in Wien, von 1919 – 1938 als freiberuflicher Architekt und Designer in Wien tätig, musste 1938 emigrieren und war 1939 – 1944 Chefdesigner der Einrichtungsfirma Rena Rosenthal in New York, gründete 1944 seine eigene Einrichtungsfirma in New York; zählt zu den Protagonisten der „Wiener Wohnraumkultur" im Umfeld J. Franks und O. Strnads (flexible Raumaufteilung, multifunktionale Möbel etc.), über seine architektonischen Arbeiten ist relativ wenig bekannt, erwähnenswert ist das Strandhaus Lederer in Greifenstein/Niederösterreich, das im Kontext der Weekend-Bewegung und der Wochenendhäuschen in Kritzendorf zu sehen ist.
_visited the School of Applied Arts Vienna in 1918/1919, working as a self-employed architect and designer from 1919 – 1928 in Vienna, Schwadron had to emigrate in 1939 and became chief-designer of Rena Rosenthal interiors in New York from 1939 – 1944; in 1944 he founded his own company in New York; Schwadron is amongst the protagonists of „Wiener Wohnraumkultur" („Vienna living-space culture"), such as J. Frank and O. Strnad (flexible floor plan, multi-functional furniture etc.); his architectural work is mostly unknown, quite famous is the beach house Lederer in Greifenstein/Lower Austria, which is related to the weekend-movement and other weekend cottages in Kritzendorf.

SINGER, Susi (Wien 1891 – 1955 Kalifornien)
1905 – 1915 Studium an der Kunstschule für Mädchen und Frauen, Wien; 1917 – 1925 Mitglied der Wiener Werkstätte, wo sie figurale Keramiken entwarf. 1925 gründete sie eine eigene Keramikfirma, emigrierte 1937 in die USA.
_studied at the Vienna Art School of girls and women from 1905 – 1915; member of the Wiener Werkstätte from 1917 – 1925,

where she created figural potteries. In 1925 she founded her own pottery factory and emigrated to the USA in 1937.

SOBOTKA, Walter (Wien 1888–1972 New York)
1907–1912 Studium an der Technischen Hochschule in Wien, 1923–1938 Arbeit als selbstständiger Architekt in Wien, nach seiner Emigration als Möbeldesigner in New York tätig, 1958–1972 als freiberuflicher Architekt tätig; als Vertreter der „zweiten Wiener Moderne" war er im Umkreis von A. Loos, J. Frank und O. Strnad als Architekt und Designer tätig, enge Freundschaft mit J. Frank; wie auch bei vielen seiner Kollegen, bewegt sich Sobotkas Stil zwischen Tradition und Moderne.
_studied at the Technical University Vienna from 1907–1912, working as a self-employed architect from 1923–1938 in Vienna, after his emigration he worked as a furniture designer in New York and as architect from 1958–1972; representing the „second Vienna modernity", Sobotka was working in the circle of A. Loos, J. Frank and O. Strnad as architect and designer; he was friends with J. Frank; as his colleagues, Sobotka's style can be found somewhere between tradition and modernity.

EDUARD STELLA (Wien 1884–1955 Wien)
Studierte von 1900–1905 an der Wiener Kunstgewerbeschule bei C.O. Czeschka sowie an der Akademie der bildenden Künste 1905–1909 bei H. Lefler. 1913–1919 stellte er seine Werke wiederholt in der Wiener Secession aus. 1921 wurde er Mitglied des Wiener Künstlerhauses.
_studied at the School of Applied Arts Vienna under C. O. Czeschka from 1900–1905 as well as at the Academy of Fine Arts Vienna from 1905–1909 under H. Lefler. From 1913–1919 he exhibited his works in the Vienna Secession and became member of the Vienna Künstlerhaus in 1921.

STIEGHOLZER, Hermann (Wien 1894–1982 Wien)
1920/21 Studium an der Akademie der bildenden Künste in Wien, Wiederaufnahme des Studiums 1924–1926, ab 1925 freischaffender Architekt in Wien; Zusammenarbeit mit H. Kastinger, durch ihre Ausbildung bei P. Behrens zählten sie zu den modernsten jungen Architekten der Zeit (Arbeitsamt für Baugewerbe), Stiegholzer beschäftigte sich eingehend mit dem Thema des Siedlungsbaus, nach dem 2. Weltkrieg errichtete er die ersten Wohnhochhäuser nach internationalem Vorbild.
_studied at the Academy of Fine Arts Vienna from 1920–1921; after a break he restarted studying from 1924–1926 and was working as a self-employed architect in Vienna from 1925; collaboration with H. Kastinger; due to their education by P. Behrens, they are amongst the most modern young architects of that time (employment centre for the building industry), Stiegholzer was quite interested in building colonies, after World War II. he executed the first residential high-rise buildings following the international example.

STORCH-ALBERTI, Anton Josef (Verona 1892–1976 Wien)
Studium an der Akademie der bildenden Künste, Wien; ab 1911 Studienreisen durch ganz Europa; beteiligte sich an Ausstellungen verschiedener Künstlervereinigungen.
_studied at the Academy of Fine Arts Vienna; from 1911 on several study trips through Europe followed; he took part in exhibitions of different artist-associations.

STRNAD, Oskar (Wien 1879–1935 Bad Aussee)
1900–1903 Studium an der Technischen Hochschule, Wien bei C. König; 1904–1906 im Atelier F. Ohmann; zunächst dem neobarocken Kanon Königs verpflichtet, orientierte er sich in der Zusammenarbeit mit J. Frank u. O. Wlach an einem funktionalen und rationalen Stil, der heute als die „Zweite Moderne" bezeichnet wird. Basierend auf den Bedürfnissen der Bewohner soll die Architektur gestaltet werden und nicht umgekehrt; auch als Innenarchitekt und Ausstellungsgestalter (Werkbund) tätig.
_studied at the Technical University Vienna from 1900 –1903 under C. König; working in the studio of F. Ohmann from 1904 –1906; attached to the neobaroque style of König, he developed a more functional and rationalistic style because of working together with J. Frank and O. Wlach; this style is known as "Zweite Moderne" ("second modernism") today; the architecture should be created following the inhabitant's needs, and not in the contrary way; he was also working as an interior and exhibition designer.

TISCHLER, Viktor (Wien 1890–1951 Beaulieu-sur-Mer)
Studierte 1907–1912 an der Akademie der bildenden Künste, Wien; von 1928–1940 Aufenthalt in Paris, emigrierte 1941 nach Ameria und kehrte 1941 nach Cannes zurück. Sein künstlerisches Werk ist stark von P. Cézanne geprägt.
_studied at the Academy of Fine Arts Vienna from 1907–1912; from 1928–1940 he stayed in Paris and emigrated to America in 1941 but returned to Cannes in 1941. His artistic work is influenced by P. Cézanne.

TÖLK, Josef (Altenmarkt 1861–1927 Semmering)
1880–1883 Studium an der Akademie der bildenden Künste Wien, 1895–1927 überaus erfolgreiche Ateliergemeinschaft mit F. v. Krauss; ihre frühen Bauten standen dem Neobarock nahe, danach folgte eine Orientierung an O. Wagner und der damaligen „Moderne", wobei v.a. formale Kriterien übernommen wurden; Markenzeichen des Büros waren elegante Bauten für wohlhabende Bauherren; nach dem ersten Weltkrieg konnten Kraus/Tölk nicht mehr an ihren Erfolg der Jahre zuvor anknüpfen.
_studied at the Academy of Fine Arts Vienna from 1880–1883, very successful collaboration with F. v. Kraus form 1895–1927; their early buildings are closely related to neo-baroque, later on they orientated on O. Wagner's style and the contemporary modernity, in doing so they mostly just used formal criteria of modern building; they were famous for elegant buildings of wealthy clients; after World War I they weren't able to proceed their success of the years before.

WACKER, Rudolf (Bregenz 1893–1939 Bregenz)
Erhielt vor dem Ersten Weltkrieg ersten Zeichenunterricht in Bregenz und danach in Weimar bei A. Egger-Lienz; 1920 Aufenthalt in Berlin, wo er sich dem Expressionismus zuwandte; ab 1921 wieder in Bregenz. Dort beginnt er sich mit den stilistischen Ausdrucksmitteln der „Neuen Sachlichkeit" auseinanderzusetzten, deren wichtigster Vertreter er werden sollte.
_took drawing classes already before World War I in Bregenz and later on in Weimar under A. Egger-Lienz; in 1920 he stayed in Berlin, where he turned towards expressionism; in 1921 Wacker returned to Bregenz where he starts working in the style of „Neue Sachlichkeit" („new sobriety"), whose main representative he became.

WALDE, Alfons (Oberndorf 1891–1958 Kitzbühel)
1910–1914 Studium der Architektur an der Technischen Hochschule, Wien; als Maler autodidakt, stellte er ab 1911 Aquarelle und Temperabilder mit Landschaftsmotiven aus; 1913 Ausstellung in der Wiener Secession; reger Kontakt zu Künstlerkollegen und vor allem zu Egger-Lienz; lebte und arbeitete in Kitzbühel, wo er Plakate (für die Schirennen) und Gemälde, die meist die verschneite Landschaft dieser Region zeigen, oft in mehreren Fassungen malte.

_studied architecture at the Technical University Vienna from 1910 –1914; working as autodidact painter; exhibiting water colours and tempera paintings depicting landscapes from 1911; exhibition in the Viennese Secession in 1913; contact with colleagues, mainly to Egger-Lienz, lived and worked in Kitzbühel/Tyrol, where he painted posters (for ski races) and paintings, which mainly showed snow-covered landscapes.

WELZENBACHER, Lois (München 1889–1955 Absam)
1912–1914 Studium an der Technischen Hochschule in München, 1918–1932 selbstständiger Architekt in Innsbruck/Tirol; Welzenbacher nimmt als einer der bedeutendsten Architekten der Zwischenkriegszeit eine Sonderstellung ein, starke Einflüsse zeigen sich durch seinen Münchner Lehrer Th. Fischer und seine Nähe zum „International Style". Wichtig war ihm stets die Einbeziehung des Umfelds in seine Architektur; Welzenbacher war als einziger Österreicher bei der Ausstellung „International Style" 1932 in New York vertreten; seine lange Tätigkeit an der Akademie der bildenden Künste in Wien hatte maßgeblichen Einfluss auf nachfolgende Architekten.
_studied at the Technical University Munich from 1912–1914, working as a self-employed architect from 1918–1932 in Innsbruck/Tyrol; Welzenbacher is one of the most important Austrian architects in the time between the wars and keeps an exceptional position; strongly influenced by his Munich teacher Th. Fischer and his relation to the „International Style", he tried to integrate nature and the specific surrounding to his houses. He was the only Austrian architect being represented at the „International Style" exhibition in New York in 1932; teaching at the Academy of Fine Arts Vienna for quite a long time had a strong influence on the upcoming generation of architects.

WICKENBURG, Alfred (Bad Gleichenberg 1885 –1978 Graz)
Studierte zunächst an privaten Kunstschulen in München und Paris, 1910–1914 an der Akademie, Stuttgart; lebte ab 1923 in Graz, wo er die „Grazer Secession" mit Wilhelm Thöny mitbegründete. Er verarbeitete seine vor allem in Paris gemachten Erfahrungen mit dem Fauvismus und Kubismus.
_studied at private art schools in Munich and Paris, from 1910 –1914 at the Academy in Stuttgart; lived in Graz from 1923 where he founded the Grazer Secession with Wilhelm Thöny; he was influenced by French Fauvism and Cubism.

WIEGELE, Franz (Nötsch/Kärnten 1887–1944 Nötsch)
1907–1911 Studium an der Akademie der bildenden Künste in Wien; 1909 Ausstellung mit A. Kolig, A. Faistauer, E. Schiele, A. P. Gütersloh u.a.; 1912 Stipendium für Paris, mit seinen Porträts und Aktmalereien hat Wiegele Wesentliches zur modernen Malerei in Österreich beigetragen.
_studied at the Academy of Fine Arts Vienna from 1907–1911; exhibited together with A. Kolig, A. Faistauer, E. Schiele, A. P. Gütersloh and others in 1909; received a scholarship for Paris in 1912; his portraits and nude paintings are important contrinutions for modern painting in Austria.

WIESELTHIER, Vally (Wien 1895 –1945 New York)
Ab 1914 Studium an der Kunstgewerbeschule, Wien, im Bereich Textilien, dann Malerei und ab 1917 in der Architekturklasse bei J. Hoffmann; lernte auch bei M. Powolny die Keramikkunst kennen. Ab 1917 entwarf sie in der in der Wiener Werkstätte neu gegründeten Abteilung für Keramik Figuren; unter der Leitung Dagobert Peches verfolgte sie eine abstrahierende, aber üppige Formensprache. 1932 übersiedelte sie nach New York.
_studied at the School of Applied Arts Vienna from 1914 in the textiles class, later on painting and from 1917 she studied architecture under J. Hoffmann; she learned how to do pottery from M. Powolny. Wieselthier designed figures from 1917 in the recently founded section of the Wiener Werkstätte for pottery; she followed an abstracting, but lush style; went to New York in 1932.

WLACH, Oskar (Wien 1881–1963 New York)
1898–1903 Studium an der Technischen Hochschule, 1806 Doktoratsabschluß, 1907 Studium an der Akademie, Wien; 1907–1919 Ateliergemeinschaft mit J. Frank u. O. Strnad; in den 20er Jahren Gründung der Firma „Haus & Garten", die bis zur Emigration Franks (1934) zusammen und danach allein (bis 1938) sehr erfolgreich Wohnungseinrichtungen und Gartenmöbel verkaufte. Die auf Funktion des Benützers in seiner individuellen Lebenssphäre ausgerichteten Einrichtungen gehören zur „Zweiten Wiener Moderne".
_studied at the Technical University Vienna from 1898–1903; studied at the Academy of Fine Arts Vienna in 1907; studio-collective with J. Frank and O. Strnad from 1907–1919; founded the company „Haus & Garten" in the 20ies, which he led together with J. Frank until he emigrated in 1934; after that, Wlach successfully led the company, which sold interiors and garden furniture, on his own until 1938. The interiors, which adapt to the personal lifestyle of the inhabitant, are attached to the „second Viennese modernism".

ZACH, Franziska (Steyr 1900–1930 Paris)
Studierte 1917–1924 an der Wiener Kunstgewerbeschule und erhielt dort eine umfassende Ausbildung; ab Mitte der 20er Jahre Beteiligung an Ausstellungen, Reisen nach Frankreich; 1930 Aufnahme in den Hagenbund, verstarb jedoch während der Vorbereitungen zu ihrer ersten Ausstellung in Paris.
_studied at the School of Applied Arts Vienna from 1917–1924; from the mid-20s on, she took part in exhibitions and travelled to France; in 1930 she became member of the Hagenbund but died during the arrangements for her first exhibition in Paris.

ZOTTI, Josef (Borgo Valsugana 1882–1953 Wien)
1901–1903 Fachschule für Tischlerei in Wien, 1903 –1905 an der Wiener Kunstgewerbeschule (Architektur); schon früh als Entwerfer für kunstgewerbliche Gegenstände tätig, spezialisierte er sich auf Korbmöbel in Zusammenarbeit mit der Prag-Rudniker Möbelfabrik; als Architekt vor allem für Umbauten und Wohnungseinrichtungen verantwortlich; stilistisch von seinem Lehrer J. Hoffmann geprägt, verband Zotti Elemente des Neobiedermeiers mit zeitgenössischer Moderne.
_went to the school for carpenters in Vienna from 1901–1903; studied architecture at the School of Applied Arts 1903–1905; working as a designer for handcrafts quite early and specialized in wicker furniture and collaborated with the Prague-Rudniker furniture company; mainly engaged in reconstructions and interior design; influenced by his teacher J. Hoffmann, he connected elements of Neo-Biedermeier with the contemporary modernism.

Literatur/literature

ACHLEITNER Friedrich, Österreichische Architektur im 20. Jahrhundert, Bd. I, Oberösterreich Salzburg Tirol Vorarlberg, Salzburg – Wien 1980

ACHLEITNER Friedrich, Österreichische Architektur im 20. Jahrhundert, Bd. II, Kärnten Steiermark Burgenland, Salzburg – Wien 1983

ACHLEITNER Friedrich, Österreichische Architektur im 20. Jahrhundert, Bd. III/1, Wien 1.-12. Bezirk, Salzburg – Wien 1990

ACHLEITNER Friedrich, Österreichische Architektur im 20. Jahrhundert, Bd. III/2, Wien 13.-18. Bezirk, Salzburg – Wien 1995

ACHLEITNER Friedrich, Österreichische Architektur im 20. Jahrhundert, Bd. III/3, Wien 19.-23. Bezirk, St. Pölten – Salzburg 2010

ACHLEITNER Friedrich, Wiener Architektur der Zwischenkriegszeit: Kontinuität, Irritation, Resignation, in: Wiener Architektur. Zwischen typologischem Fatalismus und semantischem Schlamassel, Wien 1996

ADOLPH Hubert, KRAPF Almut, SCHMIDT Regine, „Kunst in Österreich 1918 – 1938", Ausstellungskatalog Halbturn, 1984

ANKWICZ-KLEEHOVEN Fritz in: Wiener Zeitung 1.1.1928, S 7

BECKER Annette/STEINER Dietmar/WANG Wilfried (Hrsg.), Architektur im 20. Jahrhundert – Österreich, München – New York 1995 (Katalog der Ausstellung „Architektur im 20. Jahrhundert: Österreich" im Deutschen Architektur-Museum, Frankfurt am Main 14. Oktober 1995 – 14. Januar 1996, und im Architektur Zentrum Wien, 1997)

BLAU Eve, The Architecture of Red Vienna 1919-1934, Cambridge, Massachusetts – London 1999

BUNDESMINISTERIUM für Handel und Verkehr (Hrsg.), Das österreichische Bauwesen, Wien 1928

EISLER Max, Oskar Strnad, Wien 1936

FISCHL Hartwig, Die Baukunst in Österreich, in: Bundesministerium für Handel und Verkehr (Hrsg.), Das österreichische Bauwesen, Wien 1928

FRANK Josef, Architektur als Symbol. Elemente neuen deutschen Bauens, Wien 1931

FRANK Josef, Die Bauten der Weißenhofsiedlung, in: Bau und Wohnung, Stuttgart 1927, Wiederabdruck in Iris Meder (Hrsg.), Josef Frank, eine Moderne der Unordnung, Wien 2008, S. 132-134.

FRANK Josef, Das Haus als Weg und Platz, in: Der Baumeister, 1931, S. 316; Max Eisler, Oskar Strnad, Wien 1936, S. 11

GMEINER Astrid/PIRHOFER Gottfried, Der Österreichische Werkbund, Salzburg 1985

HAIKO Peter (Text)/ SCHEZEN Roberto (Photographien), Wien 1850-1930. Architektur, Wien 1992

HAUTMANN Hans/ HAUTMANN Rudolf, Die Gemeindebauten des roten Wien 1919-1934, Wien 1980

KARPFEN Fritz, Gegenwartskunst, Bd. II, Wien 1922

KARPFEN Fritz über Dr. Rieger in: Mitteilungen aus dem Kunstarchiv Werner J. Schweiger, Wien, Nr. 2/2002 „Frühe Kokoschkasammler" S 19, Internet

KASSAK Ludwig, Buch neuer Künstler, Wien 1922

KOLLER Gabriele, Die Radikalisierung der Phantasie, Design aus Österreich, Salzburg 1987

KRAPF Almut, „Gemalt und Geschrieben", Die Presse 4. Juli 1981

SCHRÖDER Klaus, Neue Sachlichkeit in Österreich", Ausstellungskatalog Kunstforum Bank Austria, Wien 1995

LOOS Adolf, Ins Leere gesprochen, 1897-1900, Zürich 1931

MEDER Iris (Hrsg.), Oskar Strnad 1879-1935, Wien 2007

MEDER Iris (Hrsg.), Josef Frank, eine Moderne der Unordnung, Wien 2008

MOHOLY NAGY Laszlo (Hrsg.) „Buch neuer Künstler", Wien 1922 o.p. in: Ausstellungskat. Galerie nächst St.Stephan, Wien 1975, S 8

NOEVER Peter (Hrsg.), Der Preis der Schönheit. 100 Jahre Wiener Werkstätte, Ostfildern-Ruit, 2004

OBERHUBER Oswald (Hrsg.) „Frederick Kiesler, Architekt 1890-1965", Wien 1975

OTTILLINGER Eva (Hrsg.), Wohnen zwischen den Kriegen, Wiener Möbel 1914-1941, Wien 2009

PLATZER Monika/STORCH Ursula (Hrsg.), „Kinetismus, Wien entdeckt die Avantgarde", Ausst.Kat. Wien Museum, 2006

ROCHOWANSKY Leopold Wolfgang, Formwille der Zeit, Burg Verlag Wien 1922

ROCHOWANSKY Leopold Wolfgang, „ Das kinetische Marionettentheater d. Erika Giovanna Klien" in: Die neue Schaubühne 5, 1, Berlin 1925

ROESSLER Arthur über die Ausstellung „Wiener Frauenkunst" in: Arbeiter Zeitung 1927/1928

SARNITZ August (Redaktion), Architektur Wien. 500 Bauten, Wien – New York 1997

SCHWANZER Karl (Hrsg.), Wiener Bauten 1900 bis heute, Wien 1964

SOMMER, Herbert (Hrsg.), Franz Schuster 1892-1972, Ausstellungskatalog Hochschule für angewandte Kunst, Wien 1976

SPALT Johannes (Hrsg.), Josef Frank, Möbel & Geräte & Theoretisches, Wien 1981

STRNAD Oskar, Vom Licht, vom Besteck und Geschirr, von den Stoffen und den Teppichen, also auch vom Ornament, Vortrag, Wiederabdruck in Iris Meder, Oskar Strnad, Wien 2007, S. 120-121.

UHL Ottokar, Moderne Architektur in Wien, Wien – München 1966

WEIHSMANN Helmut, Das rote Wien. Sozialdemokratische Architektur und Kommunalpolitik 1919-1934, Wien 2002

Zeitschriften/journals

Der Architekt. Monatshefte für Bau- und Raumkunst. Wien: Schroll, 1895-1921/22

(Österreichs) Bau und Werkkunst, Wien: Zentralvereinigung der Architekten Österreichs, 1924-1932

Deutsche Kunst und Dekoration, Illustrierte Monatshefte zur Förderung deutscher Kunst und Formensprache. Darmstadt: Alexander Koch 1897–1932

Die Form, Zeitschrift für gestaltende Arbeit. Berlin: W. Rietzler, 1925 ff.

Innendekoration. Mein Heim, mein Stolz; die gesamte Wohnungskunst in Bild und Wort. Stuttgart/Darmstadt: Alexander Koch 1900–1943

Die Kunst, Monatshefte für freie und angewandte Kunst. München: Bruckmann, 1900-1944 und 1984–1988

Moderne Bauformen. Monatshefte für Architektur und Raumkunst. Stuttgart: Hoffmann, 1902-1944

Wasmuth's Monatshefte für Baukunst und Städtebau. Berlin: Wasmuth, 1914/15-1932

Abbildungsnachweis/photographic credits

Albertina, Adolf Loos-Archiv (S. 66, 67)
© Backhausen interior textiles GmbH – Archiv Backhausen, Wien (S. 79 re)
© bel Etage, Wolfgang Bauer, Wien (S. 64 li unten, 82 li, 106 li, 121 li, 126 re)
© Belvedere (S. 102, 103)
© Broschüre zur Eröffnung des Pestalozzi-Hofes (S. 42)
© Bundesmobilienverwaltung, Foto: Fritz Simak (S. 132 li)
Deutsche Kunst und Dekoration (**1920–1921** S. 51 li, 106 re, 115 re, 134 o)
© Dorotheum (S. 73 re, 107 re, 109 li, 116 li o. und u., 118 li, 120, 126 li)
© Galerie bei der Albertina, Wien (S. 19 o. und u., 29 o., 34, 51 mi und re, 64 li oben, 82 re, 106 mi, 107 li, 108 re, 109 re, 110 li, 111, 113 re, 118 re, 119, 121 re, 125 li, 137, 138)
Hieke Kunsthandel (S. 29 u., 30, 86, 87, 99, 100, 109 mi, 142)
Innendekoration (**1921**, S. 50, 52 re, 57, 59 / **1925** S. 70, 84, 88, 124, 130 re, 131 li / **1926** S. 53, 56 re, 58, 81 / **1927** S. 60, 61, 62, 63, 64 re, 130 li, 132 re, 133 / **1930** 75, 77 re, 78, 79 li, 83, 89, 113 li, 114, 116 re, 117, 128 li, 131 re, 134 u, 136, 140, 148
© Im Kinsky – Kunstauktionen, Wien (S. 35, 127, 144, 146)
Robert Keil (S. 31, 33, 76, 85, 94, 96, 141,)
© Kovacek Spiegelgasse Gemaelde, Wien (S. 28, 91, 112, 143, 145, 147)
© Patrick Kovacs Kunsthandel (S. 22, 52 li, 73 li, 77 li, 80, 108 li, 135)
© Bernhard Leitner (S. 15)
© Lobmeyr – Michael Rathmayer (S.122, 123 re.)
Moderne Bauformen (**1930** S. 23 / **1932** S. 16, 21, 26, 39, 68, 69, 81 oben)
Österreichische Bau und Werkkunst (**1924–1925** S. 10 o., 17, 92, 104, 105, 110 re, 115 li, 123 li. / **1925–1926** S.18, 44, 45, 47 li oben und re, 48, 49, 55, 71 li oben, 93, 125 re. / **1926–1927** S. 12 o. und u., 13 u., 36, 37, 40, 41, 47 li unten, 56 li, 71 außer li oben, 72, 74, 97 / **1928–1929** S. 38, 43, 98, 139 re. / **1929–1930** S. 14, 24, 149 / **1930–1931** S. 90, 95, 101, 128
© Österreichische Nationalbibliothek (S. 7, 46)
© TU Wien (S. 139 li.)
© E. Sekler (S. 65)
Wasmuths Monatshefte für Baukunst und Städtebau (**1926** S. 10 u., 13 o., 54 / **1929** S. 20)

Textabbildungen/text illustrations

Fig. 1 Hermann Aichinger/Heinrich Schmid, Österreichisches Verkehrsbüro, Wien I, Friedrichstraße 7, 1922/1923
_Austrian Transportation Bureau, Vienna I, Friedrichstraße 7, 1922/1923
Fig. 2 Hubert Gessner, Metzleinstalerhof, Wien V, Margaretengürtel 90–98, 1923–1925
_Metzleinstalerhof, Vienna V, Margarethengürtel 90–98, 1923–1925
Fig. 3 Lois Welzenbacher, Haus Settari, Bad Dreikirchen, Südtirol, Italien, 1922/1923
_Settari House, Bad Dreikirchen, South Tyrol, Italy, 1922/1923
Fig 4 Lois Welzenbacher, Villa Arnold, Wien XVIII, Sternwartestraße 83, 1923/1924
_Villa Arnold, Vienna XVIII, Sternwartestraße 83, 1923/1924
Fig 5 Adolf Stöckl, Kinderübernahmestelle, Wien IX, Sobieskigasse 31 / Lustkandlgasse 50 / Ayrenhoffgasse 9, 1924/1925
_children's home of the municipality of Vienna, Vienna IX, Sobieskigasse 31 / Lustkandlgasse 50 / Ayrenhoffgasse 9, 1924/1925
Fig 6 Otto Nadel/Karl Schmalhofer, Amalienbad, Wien X, Reumannplatz 9, 1923–1926
_Amalienbad (public pool), Vienna X, Reumannplatz 9, 1923–1926
Fig 7 E. Hoppe/O. Schönthal/F. Matuschek; S.Theiss/H. Jaksch; F. v. Krauß/J. Tölk, Sandleitenhof, Wien XVI, 1924–1928
_Sandleitenhof, Vienna XVI, 1924–1928
Fig 8 Paul Engelmann/Ludwig Wittgenstein/Jacques Groag, Haus Wittgenstein, Wien III, Kundmanngasse 19, 1926–1928
_Wittgenstein House, Vienna III, Kundmanngasse 19, 1926–1928
Fig 9 Josef Frank/Oskar Wlach, Haus Beer, Wien XIII, Wenzgasse 12, 1929/1930
_Beer House, Vienna XIII, Wenzgasse 12, 1929/1930
Fig 10 Hans Jaksch/Siegfried Theiss, Knappensiedlung Hüttenberg, Kärnten, 1921–1923
_Varlets' Settlement of the Austrian-Alpine Mountain Association at Hüttenberg, Carinthia, 1921–1923
Fig 11 Josef Hoffmann, Diele in einem Landhaus, Hinterbrühl, Niederösterreich, um 1925
_entrance hall in a cottage, Hinterbrühl, Lower Austria, ca. 1925
Fig 12 Dagobert Peche, Silberpokal, 1923, Ausführung Wiener Werkstätte, Silber getrieben, ziseliert, H 23 cm, DM 21 cm
_silver cup, 1923, manufactured by Wiener Werkstätte, embossed and chased silver, h 23 cm, dm 21 cm
Fig 13 Vally Wieselthier, Kopf mit Blüte, 1928, Ausführung Wiener Werkstätte, roter Scherben, mehrfarbig glasiert, H 35,7 cm
_head with blossom, 1928, manufactured by Wiener Werkstätte, red pottery, multicoloured glazing, h 35,7 cm
Fig 14 Adolf Loos/Hugo Mayer, Siedlung Heuberg, Wien XVII, Röntgen-, Kretschek-, Schrammel-, Trenkwald- und Plachygasse, 1921–1924
_housing development Heuberg, Vienna XVII, Röntgen-, Kretschek-, Schrammel-, Trenkwald- und Plachygasse, 1921–1924
Fig 15 Ernst A. Plischke, Wohnung Viktor und Käthe Böhm, Wien VI, Mariahilfer Straße 97, 1930
_flat of Viktor and Käthe Böhm, Vienna VI, Mariahilfer Straße 97, 1930
Fig 16 Hugo Gorge, Armlehnstuhl, 1926/1927, Nußholz, gepolsterte Sitzfläche, H 119 cm
_armchair, nutwood, 1926/1927, upholstered seating, h 119 cm
Fig 17 Eduard Wimmer/ Friedrich Berzeviczy, Raum „for two", Ausstellung „Wiener Raumkünstler" im Österreichischen Museum, 1929/1930
_room „for two" at the exhibition „Wiener Raumkünstler" at the Austrian Museum, 1929/1930
Fig 18 „Neuzeitliche Stahlmöbel", Anzeige aus der Zeitschrift „Österreichs Bau- und Werkkunst", 1929/1930
_"modern steel furniture", advertisement in the journal „Österreichs Bau- und Werkkunst", 1929/1930
Fig 19 Ernst A. Plischke, Wohnung Lucie und Hans Rie, Wohn-Schlafraum, Wien I, Wollzeile 24, 1928/1929
_flat of Lucie and Hans Rie, living- and bedroom, Vienna I, Wollzeile 24, 1928/1929
Fig 20 Franz Lerch, Mädchenakt mit Vorhang, signiert, 1929, Öl/Leinwand, 49 x 50 cm
_female nude with curtain, signed, 1929, oil/canvas, 49 x 50 cm
Fig 21 Carry Hauser, Barszene, bezeichnet „Koko", signiert und monogrammiert, 1921, Tusche/Papier, 37,8 x 32,5 cm
_barscene, titled „Koko", signed and monogrammed, 1921, india ink/paper, 37,8 x 32,5 cm
Fig 22 Anton Peschka, Winter in Oberösterreich, signiert, 1928, Mischtechnik/Papier, 34 x 49 cm
_winter in Upper Austria, signed, 1928, mixed technique/paper, 34 x 49 cm
Fig 23 Richard Harlfinger, Römerbrücke in Scheibbs, signiert, 1924, Öl/Karton, 49 x 70 cm
_Roman bridge in Scheibbs, signed, 1924, oil/cardboard, 49 x 70 cm
Fig 24 Josef Floch, südliche Landschaft, signiert, um 1930, braune Kreide/Papier, 33,5 x 44 cm
_southern landscape, signed, ca. 1930, brown crayon/paper, 33,5 x 44 cm
Fig 25 Oskar Laske, Das Narrenschiff, 1923, Tempera/Leinwand, 195 x 240 cm
_"Ship of Fools", 1923, tempera/canvas, 195 x 240 cm
Fig 26 Helene Funke, Nacht, signiert, um 1923, Öl/Leinwand, 88 x 106 cm
_Night, signed, ca. 1923, oil/canvas, 88 x 106 cm
Fig 27 Otto Rudolf Schatz, Weiblicher Akt, monogrammiert, 1922, Aquarell und Kohle/Papier, 30 x47 cm
_female nude, monogrammed, 1922, watercolour and charcoal/paper, 30 x 47 cm
Fig 28 Franz Sedlacek, Blumenstück, monogrammiert, 1922, Öl/Karton, 38,5 x 27,5 cm
_flowers, monogrammed, 1922, oil/cardboard, 38,5 x 27,5 cm

Impressum/imprint

Die Deutsche Bibliothek verzeichnet diese Publikation in der Deutschen Nationalbibliografie; detaillierte bibliografische Daten sind im Internet über < http: //dnb.ddb.de > abrufbar.

Herausgeber: Robert Keil

Graphik und Layout: Harald Letonja | **alfama**
Gestaltung: Julia Kropik
Lektorat: Ernestine Zolda
Übersetzung der Textbeiträge: Sarah Cormack
Druck: Print Invest Magyarország-H Zrt., Györ

ISBN 978-3-9501012-5-6

Amartis Verlag, Wien
Gloriettegasse 13
1130 Wien
amartis@aon.at
www.amartis.at